大学で何を学ぶか

永守重信
Nagamori Shigenobu

小学館新書

はじめに

どんな進路を選ぶべきか。

大学で何を学べばいいのか。

これからの時代に、自分はうまく対応していけるだろうか。

中学生や高校生、大学生のなかには、今こうした不安を抱えている人も多いのではないだろうか。また、偏差値の高い大学に受かるだろうか、一流企業に入れるだろうかと心配している人もいるかもしれない。

そんな皆さんに、私はこうお伝えしたい。

「偏差値教育やブランド大学至上主義の時代は終わった。これからは真の実力主義の時代がやってくる。大事なことはどの大学に入るかより、何を学ぶかだ」と。

本書は、これから大学に入ろうと頑張っている人や、あるいは大学に入って「これからどう過ごそう」と考えている若い人が今後の世界を生き抜くために何をすべきかをまとめた、ささやかな手引きである。

そのため、これからはどんなことを学ぶべきなのか、今後はどんな人が成功すると考えているかについても触れた。それらを読んでいただいた後、自分はこれからどうしたいのか、どうすべきかをじっくり考えてほしいと願っている。

教育を変えれば、人は変わる

私は今、日本電産という会社で会長とCEO（最高経営責任者）を務めている。日本電産は2023年4月にニデックに社名変更をするのだが、日本電産という社名自体を知らない人もいるかもしれない。しかし、皆さんが持つスマートフォンやゲーム機、パソコン、家にある自動車、それらの中には我が社のモーターが使われている。

「世界一の会社になる！」という大きな目標を掲げて、私が３人の仲間たちと京都に日本電産を設立したのは、今から約50年前の１９７３年のことだ。

最初の本社は自宅の６畳間、工場はプレハブ小屋で、私以外の社員は３人。

そんな我が社が事業の中心に据えたのは、私自身が学生時代から研究し続けてきた精密小型モーターだった。

しかし当時、製品を発注してくれる会社は国内にほとんどなかった。当初はお金もない、人も少ない、知名度もない、ないないづくしの零細企業だったから、それも当然かもしれない。

そこで私たちは海外に販路を求めた。「日本でだめならアメリカで勝負だ」と必死の思いで私は自らアメリカに渡り、片っ端から現地で企業の門を叩《たた》いたのだ。

そして独自の発想と技術力によって、当時は難しいと言われていたモーターの小型化に成功して大口の注文を取った。これを皮切りに「世界初」や「世界最小」といった、他社に真似《まね》のできない製品を次々と世に送り出してきたのである。

50年前にたった4人で始めた小さな会社は、現在では世界43カ国に300社を超える関連会社と、約14万人の従業員を抱え、1兆9千億円の売上高（2022年3月期）を誇る総合モーターメーカーに成長している。


ところで日本電産では、これまでに1万2千人ほどの新入社員を迎えてきたが、人材の採用や教育を行なっているうち、「今の日本の大学教育は間違っているのではないか」と考えるようになった。

日本の企業の採用戦略は、今なお有名大学や偏差値の高い大学から人材を選ぶのが主流だ。

だが、そうした大学を出ても学生が社会に出たときに活躍できる力が身についているかといえば、疑問である。経験を踏まえて正直に言わせていただくと、世界水準の実力を備えた人材が十分に育っているとはいえないと思う。

それなら、実力が身につくような大学を自分でつくればいい。

私は次第にそう考えるようになった。

そこで2018年、京都学園大学を運営する学校法人の理事長になって大改革に乗り出したのである。

翌年には「京都先端科学大学」と校名を変更し、2020年からは新たに工学部も開設した。これから自動車の主流となるのは電気自動車である。さらに、産業全体を見渡せばロボットやAI（人工知能）の時代になる。そんな時代に活躍できるプロのエンジニアやビジネスパーソンを育てるためだ。

2021年からはより早い時期からの教育が必要だと考え、附属中学校や附属高校での一貫教育も始めた。

ビジネスリーダーを育てるためのビジネススクールも2022年に開設した。

大学改革に着手してから、4年余り。

インターンシップ（企業での就業体験）や海外留学に挑戦する学生、起業を目指す学生も増えてきた。

何より学生たちの顔つきがガラッと変わった。入学式で暗い目をしていた4年前とは打って変わり、今、授業に臨む学生たちの顔や眼差《まなざ》しは希望に満ちあふれている。

私は今、「教育を変えれば、人は変わる」という思いを実感している。そうした思いや、変わるための具体的な方法を本書で皆さんに伝えたいと思っている。

日本の大学の問題とは何か

そもそも私が大学の経営を始めたのは、先ほど触れたように世界に通用する人材を育てるためだ。

自分のやりたい学問よりも偏差値で大学や学部を選ぶ「偏差値教育」や、有名大学に入ることにこだわる「ブランド大学主義」が中心の日本の教育システムでは、若い人の能力を十分に伸ばしきれないと考えている。

というのも、小さな頃から試験に追われる子どもたちの目標は、たいていは親や塾の勧める偏差値の高い大学、有名な大学に入ることである。

高校の進路指導でも、学部や学科選びの指導は二の次で、とにかく有名大学、即《すなわ》ち偏差値の高い大学を目指すことが良しとされている。本人が何を学びたいか、どんな仕事をしたいかを教師と話すようなことは少なく、大学選びがもっとも重要視され、有名大学に入ることが推奨されるのだ。

これでは本人の学ぶ意欲や主体性は削《そ》がれてしまうのではないか。

また、希望の大学に入れたとしても、問題は社会に出た後である。

一流大学に合格することだけを目的として試験勉強に勤《いそし》しんできた人は大学に受かった途端、ほっとして遊んでしまうことや燃え尽きてしまうことがある。

その結果、一流大学に入っても自分の専門分野をしっかり磨くこともせず、大事な4年間を無駄に過ごす人も多い。

一流大学を卒業すれば、そのブランド力で企業から内定をもらえるかもしれない。しかし、自分の専門分野もなく、自分が何をしたいかという目標もない場合、結局は「大企業だから」とか「安定しているから」という理由で企業を選ぶことになる。

それでは仕事への情熱は持ちにくい。自分から前向きに取り組むモチベーションも生まれてこないはずだ。仕事では辛《つら》いことも当然あるが、そんなときに「負けるものか」という気概も湧いてこない。

確かに30年ほど前までは、偏差値の高い有名大学を出れば、いい人生を歩めたかもしれない。

だが、この30年ほどの間に社会状況は激変した。グローバル化が進み、国境を超えたビジネスがかつてないほど盛んになっている。そのため、日本のビジネスパーソンにも世界水準の競争力が求められるようになった。

そうしたなかでは、自分の専門分野をしっかり学んできていない人や、仕事への情熱を持てない人が活躍することは難しい。

また、一流大学を出ていても、英語を話せる人が少ないのも問題だ。英語学科を卒業していても英語を話せない人もいる。

結局、今の日本ではたくさんの人が大学に行っているのに、世界で戦える力が育っていないのである。

やる気と気概がすべて

一番かわいそうなのは、これまで一生懸命、周囲に言われるまま受験勉強をしてきたのに、社会に出た途端に「役に立たない」と言われてしまう若い人たちである。五月病になったり、うつ症状が出たり、会社をやめたくなったりしても当然だ。

しかし、今までたくさんの大学生や院生を採用してきたからこそ、私には今の若い人たちに何が足りないのか、なぜ元気がないのかがわかる。

そして中学生や高校生、そして大学生の皆さんに、「今、大学で何を学ぶべきか」「これから何をすべきか」をしっかり語りたいと思ったのだ。

人間というのは、意識を変えれば必ず変わるはずだと私は信じている。

その信念を支えているのは私自身の経験だ。

日本電産ではこれまで多くの人材を鍛え、一流のビジネスパーソンに育ててきた。また自社だけでなく、世界中で赤字経営に陥った会社をM&A（企業の合併・買収）で傘下に入れてきたが、その会社の従業員は解雇せずに、経営を立て直すことをモットーにしてきた。

これまで従業員のクビを切らず、会社再建を100%成功させている。

従業員たちのやる気と気概こそがすべてを変えると知っているからだ。

M&A後には企業体質を見直し、利益を生み出す構造を再構築する必要があるが、その際に大事なのは、こちらの方針を押し付けることではない。まずは従業員たちととことん向き合い、理念や方法論をわかってもらう。そのうえで従業員たちが主体となって考え、行動することが何より必要だ。働く人の意識を変えることさえできれば、会社はよみがえるのである。

それは10代、20代の人も同じはずだ。実際、大学改革に着手してから、大学生たちの意識は大きく変わっている。

逆に言えば、自ら「変わろう」とか「こうなろう」と思わなければ、どんなに周囲が押し付けようとしても人間は変わらない。「将来はこうなりたい」という考えがなく、有名大学に入るための受験のテクニックを身につけただけでは、自ら考えて行動する力や失敗から立ち上がる力は身につかない。

しかし、そうした力こそ、その後の人生の土台となってくれる大事な力なのだ。

志望する学校に受からなかった人へ

受験で志望する学校の試験に受からなかったと言って落ち込んでいる人がいる。しかし、ちょっと考えてみてほしい。「人生100年時代」と言われる今、皆さんにはあと80年前後の人生が残っているということだ。

もしあなたが志望する学校に受からなかったとしても、それで負け犬だなんておかしいとは思わないか。ずっと親の期待に沿うよう頑張ってきたのに、親の望む大学に落ちたら、10代で人生の敗者だなんて、そんなバカな話があるものか。

今うまくいっていないと感じたとしても、けっして負け犬ではない。

むしろこれはチャンスだと思ったほうがいい。受験に向けて頑張ってきた力を、これからは自分のやりたいことに向けるのだ。

残りの80年を負け犬として生きるのか、それともここで一念発起して自分の生きたい人生を生きるのかは、あなたの考え方と頑張り方次第である。

私は貧しい家の出身で若いときに父親も亡くしたため、中学を出たら働けと言われていた。私のことを気にかけてくれていた先生のおかげで、奨学金で工業高校と職業訓練大学校（現・職業能力開発総合大学校）に行けることになったが、当時はとにかく学べることがうれしくて、寝る時間を惜しんで勉強した。

そして28歳で起業したが、振り返ると10代、20代というのは人生のうちでもっとも体力があり、感性に優れ、大きな潜在能力を秘めている時期だった。

そんな大事な時期に、受験で失敗したくらいで自信を失《な》くして人生に投げやりになるなんて実にもったいない話である。

今の若い人たちは覇気がないとか夢がないなど、何かと批判されることも多いようだ。私も本書でいろいろ厳しいことを述べるかもしれないが、本当のところは、今の若い人たちは捨てたものではないと思っている。

もちろん批判されるような人もいるけれど、自分の夢や信念を持ち、それに向かって頑張っている人もたくさんいる。

覇気がなく、夢がない人が多いのは、そのように育てた我々おとなの責任だ。

若い時期には信じられないほど大きな潜在能力を秘めているから、何かのきっかけでやる気に火がつけば、体中からとてつもないエネルギーが湧いてくるはずだ。そして自分に自信を持ち、「自分には無理」と諦めていたときには考えたこともないアイデアや行動力が生まれ、その人にしか出せない力が一気に開花するのである。

私は、この本を手にとってくれた皆さんの心に火をつけたい。

そしてぜひ夢を持ってほしいと熱望している。大きな夢でも小さな夢でもいい。自信を持って、その夢を叶《かな》えるために邁進《まいしん》してほしい。

そのヒントを本書で少しでもつかんでもらえれば、これほどうれしいことはない。

そんな若い人たちがどんどん増えていったら、この日本はどれだけ明るく、希望にあふれた国になるだろうか。そんな日本を見ることが私の夢である。

２０２２（令和４）年８月

日本電産株式会社会長　創業者
京都先端科学大学　理事長
永守重信

大学で何を学ぶか

目次

第2章

大学をどう選ぶか

――間違いだらけの大学選び……55

大事なことは、自分が何をやりたいか／附属中学校と高校をつくった理由／まずは「社会」を学ぶこと／私が社長を目指したきっかけ／生きていく上で重要なお金の知識／戦略的に自信をつけていく／上の学校のビリよりも、下の学校の一番になれ／自分が一番になれるものを探そう／モーターが一生をかける天職に／「一番」の価値は大きい／親が話を聞いてくれないと言う前に／「父親が医者だから、お前も医者に」で苦しむ子どもたち／親子で話してみよう／

第5章 変化の時代をどう生きるか

著者が会長を務める日本電産株式会社では、
電動機のことを「モータ」と表記していますが、
本書では「モーター」と表記しています。

第1章

なぜこのままでは世界に勝てないのか

——偏差値教育とブランド主義から抜け出せ

大学を変えなければ、日本は変わらない

人は、情熱と教育によって大きく変わる。

これまで60社以上の企業を再建してきた私の実感だ。また、事業でカギを握るのは圧倒的に「人」である。そして、人は教育で育つ。つまり最後に行き着くのは教育だ。

そのため、私は大学をつくることを考えるようになった。

偏差値を偏重した今の日本の教育は根本的に間違っており、若者や日本社会をだめにしているのではないか、教育を抜本的に変えるべきだ――これまでそうした提言を各所でしてきたが、ほとんど変わらなかった。

それなら自分で大学をつくり、「こうしたら素晴らしい人材が育つ」ということを証明してみようと思ったのが、大学経営に関わるきっかけだった。

そのため、私は自分で土地を購入して一から大学をつくる構想を立てていたが、会社をつくるのとは違い、さまざまな法規制があって一筋縄にはいかなかった。

そんなとき、旧知の間柄だった当時の京都学園大学の理事長から、京都学園大学を再建することで、今までにない大学を生み出したらどうかというお話をいただいたのである。

私はすぐその提案を受けることにした。もともと存在する大学を改革して理想の大学をつくるほうがはるかに効率的だからである。しかも、日本電産が得意としてきたM&Aによる企業再建の手法は、大学改革でも活用できるはずだ。

なかには「企業再建と大学再建は違う」と止める人もいたが、細かい内容は違っても、結局は人間を相手にするわけだから本質は同じはずだと考えたのである。

「はじめに」で書いたように、私は日本の大学教育には大きな不満を抱いている。

知り合いの経営者たちからも、「大学を出ていても、実社会では役に立たない者ばかりだ」とか、「もっと即戦力になる人材がいないものか」という声をたくさん耳にする。

せっかく大学で学んでいても、即戦力となる人材が少ないのだ。

一方、海外では、日本とは違って即戦力となる人材が輩出されている。

欧米などでは、就職活動では大学で学んだ専門課程の知識や研究内容がビジネスの現場で活《い》かせるかどうかが問われるため、学生たちは大学在学中にインターンシップなどに参加して、自らの経験と能力を磨いておくのが一般的である。

そのため、大学でも専門的で実践的な教育を行なうところが多い。

しかし、日本の大学では社会が必要とする人材を育てているとはいえないのが実情だ。

企業の使命というのは、お客様や市場がほしいと思うような製品やサービスをつくることだが、残念ながら今の日本の教育では、社会で求められる人材やこれから必要になる人材が育っていないのだ。

結局、各企業は新卒社員が入社した後に数年かけて社員教育を行ない、ようやくビジネスの舞台に立てる人材に育てているのである。

一流大学卒も三流大学卒も、仕事の成果は変わらなかった

日本電産でもこれまで多くの大卒・院卒者を採用してきたが、あるとき私は「社員の出身大学と仕事の成果に、どのくらい相関関係があるのだろうか」と疑問に思い、直近十数年で採用した新卒の社員一人ずつについて、仕事の成果のデータをとってみた。すると、一流と呼ばれる大学を出た社員も、世間では三流と呼ばれる大学を出た社員も、入社後10年ほどの時点では仕事の成果に大きな差がないことがわかった。

しかし、それは以前からうすうす感じていたことだった。

「はじめに」で触れたように、我が社は1973年の創業当初は知名度のない零細企業に過ぎなかった。当然、新入社員として応募してくる学生にも、いわゆる一流大学の者はほとんどいない。

はっきり言って大学名も有名でなければ、学業成績もけっして良くはない、そんな学生たちを我が社では徹底的に鍛えてきたが、それによって自らの能力をぐんぐん伸ばし、

会社を背負うほどまで大きく成長した者も多かった。

会社が大きく成長していくにつれ、２０００年頃からは一流と呼ばれる大学からもたくさんの学生が応募してくるようになった。

だが、そうした学生たちが必ず成果をあげているかといえば、そうではないのだ。むしろ偏差値の高い大学の出身者には真摯《しんし》に学ぼうという気持ちが薄く、成果をあげられない者も多かった。同じ入社年次でも、三流と呼ばれる大学出身の社員のほうが活躍していることもあった。

そうしたことが、このデータによってはっきりわかったのである。そして、こう思わざるを得なかった。「何のために一流大学卒を採っているんだ。いったい偏差値とは何なのだ」と。

私のみる限り、偏差値の高い大学を出ているのに成果をあげていない人というのは与えられた仕事はうまくこなすものの、自分から率先して仕事をとってきたり、創意工夫して良い方法を考え出したり、状況の変化に応じて自ら判断して動くことが少ない。一般的に上司の指示を待っている「指示待ち族」が多いように思う。

一方、偏差値の高い低いにかかわらず、何かに打ち込んできた人や個性の光る人は、何でも前向きに取り組み、人が嫌がるような雑務もこなす気概がある。こうした人たちは自ら問題意識を持って仕事に臨むため、みるみる実力をつけていき、入社してから数年後には大きな成果を出している。

結局、入試のときの偏差値が高い大学を出たからといって、社会に出てから活躍できるというわけではないのである。

これまで日本が生んだ優れた経営者や実業家たちに目を向けてみてほしい。

パナソニック創業者の松下幸之助《まつしたこうのすけ》さん（尋常小学校中退）やホンダ創業者の本田宗一郎《ほんだそういちろう》さん（高等小学校卒。後に高等工業学校の聴講生を経験）、サントリー創業者の鳥井信治郎《とりいしんじろう》さん（商業学校中退）のように、大学を出ていない人もいる。

もちろんこの方たちはほんの一例に過ぎないが、そのほかの名だたる経営者にも、一流大学出身者はそれほど多くないのが実情である。

指示待ち族が増えるのはなぜか

それにしても、なぜ有名大学を卒業しているのに指示待ち族になってしまう人がいるのだろうか。

有名大学や一流といわれる大学の出身者には、親の希望を叶えるために、自分の意志ではなく、他人から言われた通りに勉強することを優先してきた人が多い。そういう人は「自分はこれから何をすべきか」「自分の強みは何か」ということを考えられないのではないかと思う。これがブランド大学至上主義の大きな弊害だ。

もちろん私は、受験勉強そのものは否定しない。

より良い結果を出すため、懸命に勉強するのは何ものにも代えがたい経験である。「何かを必死で頑張る」という経験は人を大きく成長させる。私も学生時代は机にかじりついて勉強した。

問題なのは、自分の意志でなく誰かに言われた通りに大学や学部を選ぶことだ。そして、自分の志望や将来と関係ない大学や学部に入るために勉強することだ。

どんなものであれ、自分自身で目標を決め、それに向かって努力することをしなければ、主体性や自信は育たないし、潜在能力を伸ばすこともできないのである。

また社会に出て直面するのは、試験のように正解のはっきりした問題ではなく、正解のはっきりしない問題だ。ときには正解のないことだってある。

それに、どこかに一つの正解があり、その正解に従ってやっていれば何とかなるという時代はすでに終わった。企業でいえば、売れている他社製品を真似したような商品を出しても負けるだけなのだ。

入試を突破するためのテクニックだけを身につけたような人がいざ社会に出て、正解のわからない問題や先の見えない課題にぶつかったとき、果たして自分の力で解決していけるだろうか。たとえすぐに結果が出なくても、諦めずに「できるまでやる」という強い心を保てるだろうか。

私は難しいと思っている。

おとなの言う通りに小さな頃から塾に行って知識を詰め込んできた人は、誰かの言う通りに行動することには慣れている。だから会社に入ってからも、上司の指示通りに仕事をこなすだけになってしまう。

こうした指示待ち族の蔓延《まんえん》が、リーダー不在の日本社会をつくり出しているのではないだろうか。

偏差値教育の一番の問題は、18歳時の偏差値や入試の結果で若者の人生が決められてしまうことだ。

残りの人生は約80年もあるのに、有名大学に入ったかどうかで「お前は新幹線の人生」「お前はローカル線の人生だ」と決めつける。結果的に一握りのエリート以外は自信を失《な》くしてしまう。

若い人の長い人生を偏差値や入試の結果で分類するなど、人生100年時代といわれる現状に合っていないし、夢も希望もない話だ。

そうやって若い人の可能性の芽を摘んでしまうのが、偏差値教育の大きな問題なのである。

大事なのは、IQよりもEQ

ところで、人間の能力には知能指数の「IQ」と感情指数の「EQ」の2つがあると言われている。

IQ（Intelligence Quotient）の高い人は知能が高いため、当然、学校のテストでは有利になる。これまでの日本企業でもIQの高い人材が重宝されてきた。

しかし、IQが高い人材が社会に出て成功するとは限らない。医学部試験に受かった人が必ず立派な医者になるわけではないし、有名大学の卒業者だけが会社に入って売り上げをあげたり、新製品を開発したり、リーダーシップを発揮できるというわけではない。

特に今は昔とは経済環境が激変しており、単に頭の良い人が成功する、あるいは性能の良い製品をつくりさえすれば売れるという時代は終わっている。

こうした時代の変化とともに、企業の求める人材も知能が高いだけの人材から、人間としての総合力が高い人材に変わってきている。

つまり、ＥＱ（Emotional Intelligence Quotient）の高い人である。

ＥＱとは感情の豊かさを表す能力のことで「心の知能指数」とも呼ばれているが、意欲や矜持《きょうじ》を生み出す原動力になるものであり、まさに人間力と言えるだろう。

一般にＥＱが高い人は行動や言葉によって人を感動させることができ、また共感能力にも優れている。困難な課題にぶつかったときにも、身体中《からだじゅう》からほとばしるような熱意で、最後までやり抜くことができる。

「このことなら他の誰にも負けたくない」「この分野では絶対に一番になる」という情熱や、自分は必ずやり遂げるという矜持、できるまでやるといった粘り強さなどもEQによるものだと私は考えている。大学卒業後、社会に出た後はこうした力を持った人が多く成功している。

今後、AI化が進めば、こうした人間力がより必要とされるようになるはずだ。

IQは伸ばしにくいが、EQは伸ばせる

覚えておいてほしいのは、「EQは努力や経験によって後天的に伸ばせる」ということである。

IQには遺伝的な要因が大きく影響しているため、努力しても簡単には上がらないという。

一方、EQは遺伝などの先天的要素が少なく、経験や学習、努力によって上がっていく。いわば人間の筋肉のようなもので、鍛えれば鍛えるほど上がっていくのだ。

これまで多くの従業員や経営者を見ていて実感するのは、ＩＱなどの能力的な差が生み出す成果の差は、どんなに頭がいい人でも普通の人のせいぜい5倍程度だということである。

しかし、ＥＱの高い社員とやる気のない社員の成果の差は１００倍以上にもなることがある。いや、もしかしたらそれ以上かもしれない。

私は創業当初から従業員の育成について熱心に取り組み、社内にもいろいろな塾や経営人材育成プログラムなどをつくって人材を育ててきたが、ＥＱの高い社員は学べば学ぶほど、意識が変われば変わるほど、その潜在能力を伸ばし、成果をあげることを実感している。

たとえば、こんなこともあった。会社ぐるみで変わった例である。

前述したように、我が社では別の企業を買収するときも原則としてリストラはせずに立て直すが、その際はいつも従業員を教育することで会社を立て直してきた。

２００３年に精密小型モーター分野で強力なライバル会社が２期連続で赤字を出し、倒産寸前に陥ったときのことだ。

私はその会社を買収することにした。その会社には不良資産が多かったため、社内には反対する者も多かったが、製品は非常に優れており、従業員たちの技術力も高いことがよくわかっていたからだ。

しかしコスト意識に欠けている体質があった。

そこで私は、毎週2泊3日をかけてその会社に通い、日本電産流のコスト管理法を徹底して教育し、従業員に危機感とやる気を持たせるよう、私なりのメッセージを伝え続けた。

すると翌年、黒字転換した。この間、一人の人間も解雇していない。

同じ従業員たちが同じ設備をそのまま使い、景気もそれほど大きく変わっていないのに、前年に２８７億円もあった赤字を、わずか1年で１５０億円の黒字へと変えることができたのである。何が変わったのか。それは、従業員の意識である。

従業員教育でもっとも大切なのは、彼ら自身のやる気を引き出すことだ。

そのために、私は何度でも現地の会社に行き、社員と弁当をつつきながらの懇談会を開き、熱心に話をする。幹部社員は会食に連れ出す。

そこで、「生産性を上げる永守流の経営をすれば、業績は回復すること」、「あげた利益は、会社の成長のための再投資に使うこと」、「会社が成長したら、従業員に利益を還元すること」などを根気よく伝えている。

こうして永守流経営の考え方を理解してもらえる土壌をつくり、社員の意識を変えていくのだ。

最初のうち、従業員たちはそれを信じない。半信半疑の眼《め》で私の話を聞いている。

しかし次第に業績が回復していくと私の話を信じるようになっていく。それと同時に、彼らのやる気もぐんぐん出てきて大きな成果が出始めるのだ。

海外の企業を買収するときも同じである。

基本的に経営者や従業員は変えない。いきなり文化や習慣の違う日本人の経営者を送り込んでも、現地の人の心はつかめないどころか離れてしまうからだ。それより私の信念や方法論を理解してもらい、やる気を出してもらうほうが大切だ。

このように、結局は情熱と教育がすべてを決めるというのが、これまで50年間会社経営をしてきた私の実感である。

日本電産を創業したときも、私を含めて社員は皆、有名大学や一流大学の出身ではなかった。しかしお金も知名度も実績もないなかで我々は大企業の2倍働くと決め、会社の理念の一つである「知的ハードワーキング」を必死に続けた結果、世界一のモーターメーカーに成長することができたのだ。会社を大きくしてきた創業メンバーは皆、我が社の大幹部になった。

また、これまで画期的な開発をしてきたからこそ世界一のモーターメーカーになれたわけだが、その開発をしてきた社員たちだって一流大学出身というわけではない。

IQよりEQの高い社員たちが懸命に働き、持てる潜在能力を大いに発揮したことが、大きな飛躍につながったと信じている。
人間の潜在能力を生かせるかどうかは、このＥＱを伸ばせるかどうかにかかっているのである。

話を受験勉強に戻そう。皆さんのＥＱを高めるにはどうすれば良いのだろうか。それには大きい夢を持って、将来こうなりたい、この学部に行きたい、この学問を学びたいという強い意志を持つことだと思う。そのことは第２章で詳しく述べることにしよう。

「学生のレベルが低いから」は本当か

ここまで、現代の偏差値教育の問題点を挙げてきた。しかし、まだ触れていないことがある。大学の教員の問題である。

２０１７年１月――。

前理事長より大学再建の話をいただいてから1ヶ月後、私は初めて京都学園大学を見学した。そのときのことは今でもよく覚えている。

私は講義中の教室をいくつか回り、実際に教室に入って後ろのほうの席に座ってみた。そして愕然《がくぜん》とした。授業中にもかかわらず、たくさんの学生が堂々と居眠りしているではないか。おしゃべりをしている学生やスマートフォンを見ている学生も多い。

これで大学の講義と言えるのだろうか。そんな疑問を感じながら、私も黙ってそのまま講義を聞いてみた。

すると5分で気絶しそうになった。

前の晩もぐっすり寝ていたのに、5分で意識が遠くなったのだ。居眠りしていた学生たちのことを私は責められなかった。

その後、理事長室にその講義の担当教員を呼んで、私はこんな話をした。

「あなたにお願いがあります。今夜10時に私の家に来ていただきたい。黒板付きの小さな教室をつくっておきますから、そこで30分、いや5分でいい。いつもの講義をしてください。私はすぐに眠れるでしょうから」

もちろん冗談だ。寝ていようが、おしゃべりしていようが、学生にまったく無関心な教員を皮肉ったのだ。

そして、なぜ授業中に寝る学生やおしゃべりする学生が多いのかと尋ねた。

すると、その教員は諦め顔でこう言った。

「それは学生のレベルが低いからです」


しかし、それは違う。

学生が寝るのは、そもそも教員の授業がつまらないからだ。

テンポの速い動画に慣れている今の若い人にとって、90分間も座学で教えているだけでは寝てしまうに決まっている。しかも、20年も前の古い資料を持ってきて、黒板に向かって板書しているだけだ。

その後、私は全国各地のいろいろな大学を視察して授業や講義を見学してみたが、この傾向は他の大学でも同じだった。

一流大学と呼ばれている大学でも、居眠りしている学生やスマートフォンを見ている学生、私語に夢中になっている学生はいた。数の比率に多少の差はあっても、その光景はどの大学でもそれほど変わらなかった。

しかし、なかには学生が夢中になって講義に参加している授業もあった。

そうした講義を行なっている教員たちは、やはり学生が興味をひくように授業の工夫をしていた。教員の熱がこもった授業は聞いている側も思わず引き込まれてしまう。このまま90分聞いていたいと思うような授業では、学生たちは私と同じように夢中になって聞いていたし、当然、寝ている人などいなかった。

やはり、教える側がカギを握る。学生の質や大学のレベルの問題ではなく、教員の質が問題なのである。

社会が大きく変化しているのに、十年一日のごとく同じ内容を教え続けていては、学生が退屈に感じるのも当然だ。若い人には「実際の社会はどうなっているのか」を教え、「今後の課題は何か」「これから自分たちはどうすべきか」をきちんと考えさせなくてはならないのである。

自分で授業の資料をつくり、デジタル教材を駆使したり、学生に発言させたり、ディベートさせたりしながら、飽きさせずに良い内容を学生に届ける授業が必要なのだ。そういう授業を行なう教員こそ、優れた教員といえるだろう。

大学に入って、そういう授業を行なう教員と出会ったら、一番前に座って、質問攻めにするなどして、食《く》らいついてほしい。教員の方も、目をかけてくれ、一生ものの出会いとなるはずだ。

私は、基本的に学生というのは教員を映す鏡だと思っている。

教員がしっかりしていたら、学生も変わる。倒産寸前の会社で、従業員をリストラしなくても経営方針を立て直して教育し直したら黒字に変わるように、指導する者が変われば指導される側も変わるのである。

私が経営に関わることになった京都学園大学でも、それは当てはまると思った。だから、教員の改革は急務だった。

私の大学改革

ここでは、私が理事長を務める大学について、どう変えてきたかを紹介したい。この改革を語ることで、今の大学に何が足りないかを感じてもらえれば幸いである。

2019年4月、京都学園大学は京都先端科学大学と名称を変更し、新しい体制をスタートさせた。

まずトップに立って改革を進める旗振り役として、東京大学の理事・副学長等を経験している前田正史氏に学長として来ていただいた。

また悲願だった教員の改革も進めた。

私は教員たちに、スマートフォンですぐに調べられることは教えないでほしい、20年前の資料でいつも同じような内容を教えてはいけないと言い続けた。

すると一生懸命工夫し始める教員も出てきて、授業は改善されていった。

しかし、依然として変わろうとしない教員もいた。

教育というのは学生を教えて育てることだが、「教える」ことはできても「育てる」という意識がない教員もいる。こうした教員は学生に対しても無関心だ。結果的に教員の半分が替わった。新しく来てもらった人たちは皆、教育に対する熱意を持っている。また、私の夢にも賛同してくれている。

私はいつも教員たちにこう話している。

「この大学の教員生活で、一人でいいから自慢の教え子を育ててほしい。自分が教えたから立派な研究者になったとか、会社をつくったとか、偉業を成し遂げたという人物を一人の先生が一人でも育成してくれれば、世の中は大きく変わっていく」

教員というのは、それほどの熱量を持って生徒に接しなくてはならないと思う。

さらに学生たちの英語力を伸ばすため、外国人教員も増やした。特に工学部では英語ですべての授業を行なうため、約3分の1の教員が外国人だ。

第3章でも詳しく書くが、これからの時代、やはり英語力は不可欠だ。特にこれから世界に出ていく若い人は最低限の英語力は身につけていないと話にならない。

読者の皆さんも、英語を使わざるを得ない環境やネイティブの外国人と学べる環境に身を置くことをお勧めする。そういう環境がある大学を選んでほしいと思う。

京都先端科学大学では、多くの大学の1、2年次の前期課程とは一線を画して、本当に実践で使える英語力や、スポーツを通じたコミュニケーション力、リーダーシップ力等の国際社会で通用する基礎力、そして社会の実態を学ぶキャリア教育に重きを置いている。

もうひとつの特徴は専門科目につながる基礎科目を手厚くしている点であるが、この点については後の章で詳述する。

能力が高いのに家庭の事情で進学できない学生に対してはさまざまな奨学金を用意した。今後は留学生に対するサポートも強化し、留学生の数も増やしていく予定だ。

コロナ禍ではどこの大学でも留学生の数が減ってしまったかもしれないが、やはり留学生の多い環境は、日本の学生の英語力や人間力を高めると考えている。語学習得の必要性や今の自分に足りないものにも気づくだろう。

結果的に日本人の国際的な競争力を高めることにもつながるはずだ。

皆さんも、ぜひ若いうちから多くの国の人と触れ合ってほしい。

本格的に大学改革に着手してから、4年の月日が経った。

京都先端科学大学は、年々レベルが向上している。

しかし、やはり大事なのは中身だ。

最初に見学した日から6年が経っているが、今では授業風景もすっかり変わった。

つい先日も大学に行って教室を回ってきたが、寝ている学生はゼロ、スマートフォンを見ている学生もゼロ、おしゃべりしている学生もゼロだった。また、以前は、学生たちは後ろの席ばかりに固まって座っていたものだが、今では皆、前の席に座り、いきいきした目をしながら先生の話に食《く》らいつくように聞いている。

中高生の皆さんもいろいろな大学のオープンキャンパスに行くかもしれないが、そういう機会なども利用して、大学の雰囲気を知る機会をなるべく持つといいだろう。

世界の大学ランキングに偏差値は使われていない

ここからは私の目標の話である。私は、近い将来、「THE世界大学ランキング」（イギリスの教育関連情報誌「Times Higher Education」が発表するランキング）で京都先端科学大学が東大や京大を抜くと公言している。

このランキングは、単なる偏差値での評価ではなく、教育環境や研究面、引用された論文数、産業界への貢献、さらに外国人の教員比率や外国人学生の比率などの国際性を総合的に評価している。

どこにも偏差値という項目など入っていないことに注意してもらいたい。私は、これらの項目が、本当の大学の実力を表していると思う。だから、大学の経営者として、これらの項目にこだわりたい。

ちなみに、2022年度の1位は、イギリスのオックスフォード大学。2位はアメリカのハーバード大学とカリフォルニア工科大学と、名だたる大学が名を連ねる。近年は中国や香港、韓国、シンガポールの大学も躍進している。

一方、日本の大学で100位以内に入っているのは、東京大学（35位）と京都大学（61位）のみ。

京都先端科学大学が偏差値で東大や京大を追い抜くためには長い時間が必要だが、総合的な実績が評価される世界大学ランキングであれば、日本のトップレベルを狙うことは十分に可能である。

まずは2025年までに世界大学ランキングの199位以内に入ることを目指している。そして、遠くない将来に東大、京大も追い抜くつもりだ。

今は高い目標に感じるかもしれないが、十分目指せると自負している。

京都先端科学大学について長く述べたが、大学の宣伝をしたかったわけではなく、偏差値のランキングで大学を選ぶべきではないということを伝えたかったのである。

大学では、社会に出たときに羽ばたけるような力を身につけねばならない。

そのような学生生活を送るためには何が必要なのか、次章以降でみていきたい。

第2章

大学をどう選ぶか

――間違いだらけの大学選び

大事なことは、自分が何をやりたいか

これから大学を選ぶ人はどのように大学を選べばいいのだろうか。

本章では、大学で何を学ぶかの前に大学選びのポイントについて私の考えを述べてみたい。「大学をどう選ぶか」と「大学で何を学ぶか」はどちらも同じくらい大切だ。

前にも触れたように、日本の受験生は大学名ありきで大学を選ぶ人が多いようだ。我が社にも一流の国立大学を卒業した社員がたくさんいる。

トップクラスの国立大を卒業したある社員は、大学受験のとき、その大学の工学部を受けるのは「ちょっと難しい」と教師に言われ、難易度が少し下の、別の国立大学の工学部に行こうとした。

すると親が、「どうしても元のトップクラスの大学に行ってくれ」というものだから、結局その大学の農学部に入ったという。農学部の偏差値は工学部より下だった。

しかしその社員は、社会に出た後、出身大学の工学部を卒業した人に出会うたびに「負けた」と感じてしまうそうだ。卒業してから10年も経っているのに、である。

私は、こうした偏差値至上主義というかブランド大学信仰が日本の若者の閉塞感をつくっているのではないかと思う。偏差値や大学名に縛られ、その人自身が大学に行って何を研究し、将来どんな仕事をしたいのかは二の次だ。これでは潜在能力が伸びるはずがない。

一方、欧米では自分のやりたいことで大学や学部を選ぶ人が多い。

日本電産は世界43カ国に300社を超えるグループ企業を有しており、全従業員約14万人のうち13万人以上が外国人だ。そのため、世界各国で社員の採用もしている。

欧米でも毎年多数の採用を行なっており、たとえば前述の「THE世界大学ランキング」で常に上位にランクインするアメリカのマサチューセッツ工科大学やスタンフォード大学の出身者も現地の会社で採用していて、彼らはかなりの即戦力になっている。入社してすぐに大きな成果を出す逸材も多い。

それは、彼らが大学で専門分野を実によく学んできているからだ。

大学を選ぶ際も「偏差値や難易度ランクが高いから、この大学に行く」という選び方ではなく、自分の学びたい分野の研究ができるかどうか、自分の特性に合っているかどうかで決める人が多いという。そのため、大学を卒業する頃には自分の職業観もしっかり持っている。

付け加えれば、アメリカでの大学受験の際にはテストの点数や高校の成績だけでなく、エッセイや課外活動、推薦状や面接によって人柄や人格などの要素を考慮して判断される。人間的な総合力が求められるということもあるだろう。

大学を選ぶときには「どこの学部でもいいから、有名な〇〇大学に入る」ではなく、この分野に興味があるからこの学部に行きたいとか、将来はこの分野で働きたいからこの学科に進みたいといった動機で選べば、在学中も学ぶ喜びや楽しさを感じることができるはずだ。

附属中学校と高校をつくった理由

さて、私はこれまで大学改革を行なってきたが、２０２１年からは京都学園中学校と高等学校も統合し、京都先端科学大学の附属中学校と附属高等学校として、中高大一貫教育を始動させている。

なぜ中学と高校の経営にも関わるのかといえば、やはり世の中にはまだまだ「偏差値の高い大学、有名な大学に行くべき」という考えで固まっている人が多いからだ。

そうではなくて、「これを学びたいから、この大学のこの学部に行く。将来はこれをやりたいんだ」というモチベーションを持った人物をつくるには、中学や高校の段階から社会について広く学ばせ、自分の将来についてよく考えさせることが必要だ。

中学から大学にかけての10年間は、人生の土台をつくる、もっとも大事な時期である。中学や高校の時期に、自分は将来どういう人になりたいのか、どういう仕事をしたいのかじっくり考えなければ、主体性のない、行き当たりばったりの人生を送ることになりかねないのだ。

そのため、この附属中学校と高校ではそれぞれの特性や興味に合わせた進学コースを数多く用意して、総合的な人間力を伸ばす教育を行なっている。

生徒たちには受験勉強ばかりさせるのではなく、楽しい学生生活を送りながら自分の得意分野や強みを伸ばしていき、自分の夢を見つけてほしいと考えている。

読者の皆さんも、小学生のときに「将来何になりたいか」という作文を書かされたことと思う。そのときはサッカーのプロ選手とかアイドルとか、現実的とはいえない夢を描いていたかもしれない。

だが、中学生や高校生になったら、もう少し現実的な夢を描いてほしいものだ。

私は附属中学校や高校でいつもこんな話をしている。

「一流大学に入れば成功するという考えはもう正しくありません。大事なことは、自分が何をやりたいかです。どんな大学を出ていても、自分のやりたいことがしっかりしていて、それに向かって努力している人は成功しています。そして、そういう人は世の中にいっぱいいます」

そして、手前味噌《てまえみそ》ながら我が家の息子たちの話もするようにしている。

実は、私も妻も二人の息子たちに「勉強しろ」と言ったことは一度もない。

クラブ活動も本人が望むなら最後までやったらいいし、勉強したくなかったら中学を出て働いたらいいという話もしていた。そのため、息子たちは長く部活動を続けていたが、次第にこう言い始めた。

「周りの友だちは皆、高校や大学に行くという。自分だけ中学を出てすぐ働くというのはやっぱりやりたくない」

それなら何をしたいのかと聞くと、二人とも、将来は私と同じように社長になりたいと言う。私はよく子どもたちを会社や工場に連れていって遊ばせていたが、そうした経験から、子どもたちは機械やものづくり、また会社経営というものに興味を持ったようだ。

それなら、やはり高校や大学に行って勉強したほうがいい。そうして親子で話しているうち、こんな分野を学ぶ必要があるとか、こういう学部があるという話になった。自然と、そのためには今の成績ではちょっとだめだな、という話にもなる。

すると、親が何も言わなくても、彼らは自分から勉強するようになった。もちろん大学や学部は本人たちが決めた。

今は二人とも夢を叶えて自分の会社を経営しているが、結局、何をやりたいかという目標を自分自身で決めることが大事なのである。

自分の夢や理想を持つのは、早ければ早いほどいいと思う。

いつまでもそれを持たなければ、就職の時期になってもどこに就職したらいいかわからないことになるし、しまいには「お父さんやお母さんの言う通りの会社に行く」なんてことを言い出すようになってしまう。

実際、そういう理由で会社を決めている人は少なくない。

20歳を超えてそんなことを言っているのは、世界中で日本人くらいだと思う。欧米では高校を卒業すると親元を離れて自立する人が多いが、日本では大学を卒業してからも親と一緒に暮らす人が多い。いくつになっても親離れできず、精神的に自立していない人が多い印象だ。

しかし、それでは、その人らしい人生や明るい未来は見えてこないのではないか。

やはり「自分の人生は自分で切り拓《ひら》くぞ！」という気概が必要なのである。

まずは「社会」を学ぶこと

今まで述べたように、中学や高校時代は、将来やりたいことや自分の適性をじっくり考えることが大事だ。

しかしそう言われても「自分にはやりたいことがない」とか「何をしたいかわからない」と答える人もいる。特に若い人に多いが、社会経験が少ないのだから、それも当然かもしれない。

だからこそ、この時期には社会の成り立ちやお金の回る仕組みなどについて学んでおく必要がある。社会のことを知らなければ職業も選べないし、視野も狭くなってしまうからだ。

まず大事なのは、社会について自ら学ぶことだ。この社会がさまざまな職業や仕事から成り立っていることを知っておこう。

新聞や雑誌、テレビのニュースなど多様な情報源に触れ、そこから今話題になっているものを調べてみるなど、自分から積極的に社会に関心を持つことが大事だ。

親のほうも、社会がどういうものか、会社がどんなふうに成り立っているのかといった社会の構造について、子どもに教えてあげる必要があるだろう。

また、高校以降であればアルバイトをして社会のいろいろな場所で働いてみるのもいい。もちろん、この時期は勉強が最優先だから勉強する時間がなくなるほど働くのは良くないが、実際に社会に出て働いてみて、この世の中がどのように動いているのかを体験してみることも大事である。

私は高校時代、学費を稼ぐために小中学生を相手に学習塾を経営していたが、そこでは人を育てることの難しさと楽しさを学んだ。

大学時代にはガス管を通すための穴を掘る肉体労働のアルバイトもした。その現場には全国各地からさまざまな年齢の人が働きに来ていたが、そこで日本全国あちこちの土地の話をよく聞いた。同年代の仲間も多かったから、アルバイトが終了した後に、その仲間を訪ねて全国各地に旅行にも行った。

こうしたアルバイトでは、お金を稼ぐ苦しさとお金を貯《た》めていく楽しさの両方を知ることもできる。

また「こんな仕事があるのか」とか「こんな世界がある」と知ることで、社会への興味が開き、自ら学ぶ意欲を育てることもできる。若いときはただ座って勉強するだけではなく、さまざまな体験をして実際に社会を見る機会を持つことが大切だ。

社会を知るためにはアルバイト以外の体験もある。京都先端科学大学附属中学・高校には海外研修や工場見学などの機会があるが、このような社会見学の機会を設けている中学や高校、大学は他にもあるはずだ。ぜひ探して参加してほしい。

また、今はＮＰＯ（非営利団体）などでも一般の中学生や高校生、大学生が参加できる社会貢献活動（ボランティア）やインターンシップ、工場見学を行なっていることがあるようだ。

読者の皆さんにも、社会を知るための機会を積極的に利用することを勧めたい。

私が社長を目指したきっかけ

また、親や親戚はもちろん、それ以外の人にいろいろな話を聞いてみるのもいい。

実は、私が社長になりたいと思うようになったのは小学3年生の頃だったが、それは、ある社長の息子である同級生に話を聞いたことがきっかけだった。

私は京都の貧しい農家で、6人きょうだいの末っ子として生まれた。毎日つぎはぎだらけの服を着て遊んでいたが、近所に一軒だけ、お金持ちの同級生の家があった。

その同級生は周りと違ってパリッとした詰め襟の服を着て、白いハイソックスに、ピカピカの革靴を履いていた。

その家もすごかった。遊びに行くと、当時はまだ珍しかったテレビがあるだけでなく、同級生は自分の部屋を持っていて、その部屋いっぱいにレールを敷いて電池で動くドイツ製の鉄道模型を走らせて遊んでいる。お手伝いさんまでいて、3時のおやつにはチーズケーキを出してくれた。帰り際に台所を覗《のぞ》くとステーキを焼いていた。

チーズケーキもステーキも見たことがなかった私は一口食べさせてもらって、今まで口にしたことのない味に仰天した。当時は、チーズケーキもステーキも普通の家庭では贅沢品《ぜいたくひん》だったのだ。

私は思わず、同級生に「お父さんは何をしている人?」と聞いていた。自分と同じ年齢なのに、これほどまでに違う環境に住んでいることがどうしても信じられなかったからだ。

同級生は胸を張って得意げに「社長や」と答えた。

それ以来、「社長になること」が私の夢になった。

社長というものがどういうものかもわからなかったが、とにかく社長になれば立派な家に住み、毎日美味《おい》しいものを食べられると思ったのだ。学校の作文にも「ぼくは将来、社長になりたい」と書いた。

その後、私は同級生に「君のお父さんに会わせてほしい」とお願いして会わせてもらった。そしてその父親から実際に話を聞くことができたのだが、そのときに聞いた言葉は今でも忘れられない。

「私は今、こんなに立派な生活をしているが、昔は君よりもずっと貧しい暮らしをしていたんだよ」

友人のお父さんは、1950年代の朝鮮戦争の特需（軍事物資の買い付けなどで経済が潤うこと）で裕福になったのだという。そして、いかに苦しいなかで会社をつくったかという苦労話を聞かせてもらった。

これは強烈な体験だった。

友人のお父さんが私より貧しい境遇から社長になったのなら、今は貧しい自分にだって社長になるチャンスはあるはずだ——その日から固く信じて、明確に社長を目指すようになった。

現在の私があるのは、あの一言があったおかげなのである。親や親戚はもちろん、いろいろな人の話を聞くことの大切さをわかってもらえただろうか。

生きていく上で重要なお金の知識

社会の仕組みを知ると同時に、お金について知ることも重要だ。

日本にはこれまで家庭や学校でお金の話をするのは品がないとか、はしたないという風潮があったが、私はそれに反対である。
お金の稼ぎ方や使い方、貯め方、増やし方、収支の概念など、お金の正しい知識は人が生きていく上で絶対に必要だ。

日本でも2022年度から高校で「資産形成」の授業が始まったが、アメリカやイギリスなどでは以前より小学校から金融教育が行なわれ、お金や社会の仕組みを学ばせている。小学生のうちから株式や投資、税金、職業などについて学び、金融に関する幅広い知識を理解させるという。
家庭でも、家の掃除をしたら1ドル、庭の芝刈りをしたら3ドルというように、子どものお小遣いを報酬制にして、お金を稼ぐことの難しさや自分で報酬を得る喜びを実感させる親も多い。

私は16歳から株式投資をしていた。そもそも社長になりたいという夢があったので、そのためには経済を勉強しておかなければいけないと考えて投資を始めたのだ。

高校生のときに学費を稼ぐために学習塾を立ち上げたことは前にも触れたが、この塾はとても評判が良く、大繁盛したため、最盛期には当時の大卒の初任給の3倍くらい稼いでいた。その資金を元手に投資を始めたのである。

高校生や大学生で日経新聞を真剣に読む姿に周りは驚いていたようだが、本人としては、自分はこれからどういう会社をやろうか、どんなヒントがあるかと考えながら投資する銘柄を探していた。

当時は1960年代、まさに日本の高度成長期である。

これから伸びるはずと予想した日本の電機関連のメーカー数社に投資したら、数年後にそれらがすべて伸び、一時期、私の株の含み資産は1億円にもなった。

その後は思惑が外れて空売りで大損をし、結果的に含み資産はずいぶん減ってしまったが、若いうちに大きな失敗をしたことはむしろ自分にとって良かったと思っている。

株に限らず、何ごとについてもいえるが、成功からではなく失敗から学ぶことのほうが多く、また身につくものである。

私はその失敗から、成長する銘柄を探して長期で保有するという投資ポリシーを確立することができた。実際、その後は数十年単位の長期期間で投資を続けている。

また、そのときに大儲《おおもう》けし続けていたら今の自分はなかったはずだ。お金の大切さと怖さがしみついたからこそ、堅実経営をするようになったのだから。

それはともかくとして、株式投資の成功と失敗の経験は、後に起業する際にも大いに役立つことになった。

また、この株式投資によってバランスシートの読み方や金融知識を学んだだけでなく、世の中や会社を見る目を養ったと思う。

お金について学ぶことは、社会について学ぶことと同じくらい大切なのである。

皆さんもアルバイトでお金を稼ぎ、投資してみるといいだろう。さまざまなことが学べるはずだ。ただし、投資の前に日本経済新聞や書籍などで十分勉強する必要がある。

戦略的に自信をつけていく

また、この時期に大切なのは、自分の強みを見つけて伸ばしていくことだ。

その際には、どんなに小さくてもいいから「成功体験」や「一番になる経験」を積み重ねていくことをお勧めする。

それによって「このことなら絶対に、他人に負けないぞ！」という自信や負けん気が湧いてきて、さらに努力するようになるからだ。

では、一番になるためにはどうしたらいいのか。

それは、どんなことでも「一番」にこだわり続けることだ。

私は生まれつき負けず嫌いな性格で、小さな頃からどんなことでも一番を目指してきた。銭湯に行ったら、靴は必ず一番の札の下駄箱に入れた。もし一番の札の下駄箱が空いていなければ一番上の棚に置く。そこまで徹底的に一番にこだわった。

学校の成績でも人に負けるのは絶対に嫌で、とにかく「一番以外はビリだ」と考え、必死になって勉強していた。

野球をするときもエースで4番バッター、しかも監督をしなければ気が済まなかった。ただ、最初からいきなりエースや4番バッターを務めさせてもらえるわけではない。

そこでどうするか。まずは年齢が下の子たちのチームで4番バッターとエースを務めて活躍し、そこで少し自信をつけて、次はもう少し年齢が上の子たちのチームで4番バッターとエースを務める。そこで十分に力と自信をつけてから、同年代のチームでやる。それまでに勝ちを積み上げて自信をつけていたから、同年代のチームでも4番バッターやエースをやり遂げることができた。

これは一例だが、要はいきなり高いレベルを目指すのではなく、小さな成功体験を積み上げて自信をつけていき、少しずつレベルを上げていけばいいということだ。

勉強にしても、いきなり難しそうで分厚い問題集に手を出すよりも、はじめは一番簡単そうで薄い問題集からやっていけば、楽に解けてやる気も出るというものだ。

よく「自分に自信を持てない」という人がいるが、どんな人でも最初から自信を持っているわけではない。また何もしていないのに自信を持てるわけもない。

自分のなかに自信というものを積み上げていくための「戦略」が必要なのである。

上の学校のビリよりも、下の学校の一番になれ

それは高校生の頃、塾を経営しているときにも実感した。

塾といっても、自宅の6畳間を改造して机も自分でつくった小さなものだったが、近所の小中学生がたくさん通っていた。ピーク時には60名以上の生徒が来ていたが、中学生に対しては高校選びなどの進路指導もしていた。

生徒が悩むのはやはり高校を決めるときだったが、たいていの生徒は無理をしてランクの高い高校、偏差値の高い高校を選ぶ傾向があった。

しかし、たとえその高校に合格できたとしても、偏差値の高い学校に入れば、自分よ

り学力が上の者たちがたくさんいる。高校に合格できるかどうかよりも、そこで実際にやっていけるかどうかのほうが問題である。

中国の『史記』に「鶏口となるも牛後となるなかれ」という成句がある。大きな集団のなかで一番下になるよりも、小さな集団のなかでリーダーを目指せという意味だ。

実際、その通りだと思う。高校でいきなりビリになってしまったら、自信を喪失してやる気も失《う》せてしまう。せっかく志望の学校に入れても、周りがすごい人ばかりで自信を喪失してしまったら、その後の人生は辛くなってしまうはずだ。

そこで、私はそういうときには一つか二つレベルを落とした高校に行って一番を目指すことを勧めた。

私の提案を受け入れて、ランクを落とした高校に行った生徒のなかには、高校でトップクラスになり、自分に自信をつけ、その後レベルの高い大学に入った者もいる。レベルの高い高校に入って自信を失ってしまうより、そうやって高校で自信をつけたほうが良かったと思っている。

高校入試でも大学入試でもそうだが、受験の際には自分のレベルより低い学校に目を向ける人は少ない。

しかし、もしかしたらそのなかにも自分のやりたい勉強ができる学校や、自分の適性に合っている学校があるかもしれないのだ。やはり偏差値や内申点だけで学校を選ぶのではなく、自分が何をしたいのか、これからどうなりたいのかを考えて選ぶことが重要だと思う。

このように、成功するためには誰でも努力を重ねて実力をつけていく必要があるが、そのためにはまず小さな成功を何度も経験し、自信を積み重ねていくことが非常に重要だ。

たとえばクラスや学年で一番の成績をとったらうれしくなり、得意になるはずだ。得意なものはもっとやりたいと思うから、ますます勉強するようになる。自分から進んで勉強しているため、「やらされ感」やストレスも大きくない。

そうして夢中で頑張っているうちに自然と学力もついてくる。小さな成功体験によって、こうした好循環が回り始めるのである。

だから、少しランクを落とした学校で一番を目指すというのは、結果的に自分の能力を最大限引き出すための一つの戦略なのだ。

読者の皆さんのなかには志望の学校に入れず、滑り止めの学校しか受からなかったという人もいるかもしれないが、我が身の不幸を嘆いている場合ではない。今こそ頑張ってクラスや学年で一番を目指すべきだ。

会社も同じである。

就職希望企業ランキングでトップの会社に入っても、周りが東大卒や京大卒ばかりだったら、それに圧倒されて自信や熱意を失ってしまうかもしれない。それでは、潜在能力も出せないままになってしまうだろう。

それより小さくても今から伸びていく会社や、自分の適性に合った企業に入るほうがやる気が生まれ、自分の力を思う存分に発揮できるはずである。

自分が一番になれるものを探そう

若い人のなかには、自分がやりたい仕事や自分の適性に合った仕事がわからないという人も多いが、そんな人は、まずはどんなことでもいいから自分が一番になれるものを探してみてほしい。

それは勉強でなくてもいいし、運動でもいい。自分の好きなことでも得意なことでも何でもいいから、人より勝るものを見つけて育てるのだ。

私の場合、それはモーターだった。

小学4年生のとき、理科の授業でコイルを巻いて簡単なモーターをつくる実習があった。そのとき私のつくったモーターが一番速く、しかも静かに回った。それを見た担任教員が、「すごいじゃないか。お前のモーターがクラスで一番だ」と、皆の前でえらく褒めてくれたのだ。それが心に残った。

というのも、その先生は、普段は裕福な家庭の子にえこひいきして、貧しい家庭の私のことは完全に無視していたからだ。

前にも触れたように、負けず嫌いの私は小さな頃から何でも一番を目指してきた。学校の勉強でも人に負けないよう懸命に勉強してきたので成績はいつも首席だった。だが、この先生だけは一度も褒めてくれたことがなかった。授業中に手を挙げても、私のことは絶対にあててくれない。そんな先生がこのときだけは手放しで私のことを褒めてくれたのだ。

工夫をすれば、いいものをつくることができる。そして認めてもらえるのだ。

そのときの強烈な体験は、私の大きな自信につながった。それ以来、私の頭のなかにモーターというものがこびりついて離れなくなったのだ。

モーターが一生をかける天職に

その後、中学2年生のときに父親が亡くなった。もともと貧しい農家だったが、父の死によって我が家の家計はますます苦しくなり、6人きょうだいの末っ子の私は高校進学を諦めるつもりでいた。もともと中学を出たら働けと言われていたこともある。

しかし世の中には、きちんと見ていてくれる人もいるものだ。

あるとき、中学の担任教師が我が家を訪ねて来て、「勉強ができるのだから、せめて高校ぐらいは行かせてやってほしい」と、親代わりになっていた歳《とし》の離れた兄夫婦や母に話してくれた。

兄夫婦は「高校なんかに行っても家計の足しにならない」と猛反対したが、その先生は何度も我が家へ足を運び、兄夫婦を説得してくれた。おかげで私は奨学金をもらって高校の電気科に進むことができたのである。

無理を言って高校に進学させてもらったため、学費と自分の小遣いを稼ぐために始めたのが小中学生向けの学習塾だった。

高校を卒業するときには、今度こそ就職するつもりで大阪の電子機器メーカーの入社試験を受けて、無事に内定をもらった。

だが、そんな折に中学の同窓会があり、かつての同級生たちに再会してみると、私よりずっと成績の悪かった同級生たちが揃《そろ》って大学に進学するという。

彼らの誇らしげな顔を見て、私は心底悔しさを感じた。

なぜ自分より成績の悪かった彼らに学歴で負けなければいけないのか。私のなかの負けず嫌いの血が騒ぎ始めたのだ。

しかし、家に進学するお金はない。自分で塾や株式投資もしていたが、その時点では4年間の学費を出せるほど貯まってはいなかった。

しかし、そのときも高校の先生が助けてくれた。学費が安く、奨学金をもらえて、ほとんどお金のかからない職業訓練大学校（現・職業能力開発総合大学校）を探し出してくれたのだ。

無事、奨学金をもらって職業訓練大学校の電気科に入学した私が、研究のテーマに選んだのが、小学4年生のとき私に大きな自信をつけてくれたモーターだった。

その学校で、モーター研究の権威であり、恩師でもある見城尚志《けんじょうたかし》先生と出会った。

モーターの権威から直々に教わった影響は大きかった。

私は特にブラシによる機械的な接触を取り除いた「ブラシレスモーター」の研究に夢中になった。当時はまだ一般的ではなかったが、機械的な接触がない分、寿命が長く効率的で小型化も可能なブラシレスモーターはモーターの主流になるはずだった。

その頃にはすでに35歳になったら独立してモーターの会社をつくろうという明確な計画を立てていたため、大学時代には必死で勉強した。

その結果、職業訓練大学校創立以来の好成績を収め、首席で卒業することができた。

実際に会社をつくったのは、2つの会社での勤めを経た後、当初の計画より7年早い

28歳のときだった。1973年7月23日のことである。

冒頭で触れたように、お金も設備もないスタートだった。

また、会社に勤めていたときには、社内に「永守さんが独立したら、必ずついていきます」と言ってくれる人が何十人もいたのに、いざ会社を立ち上げてみたら、会社を辞めて私について来てくれたのは、たったの3人。これが現実かと愕然としたが、気落ちしてばかりもいられない。

創業の日、私は京都の自宅の6畳間で、みかん箱の上に立って訓示を行なった。

たった3人の社員を前にして、「精密小型モーターの分野で、世界のトップになる」「50年で売上高1兆円を目指す」とぶち上げたのだ。

当時は第一次オイルショックの渦中で世間は不況の波に飲まれていた。「1億円の間違いじゃないですか」と聞く社員に「いや、1兆円だ」と話し、5分で終わると言っていた訓示は1時間40分に及んだ。聞いていた3人は皆、こう思っていたと言う。

「1兆円？　この人、頭おかしいんちゃうか。大丈夫か、この会社」

しかし、その6年後にはブラシレスモーターの実用化に成功し、後にハードディスク駆動装置用モーターで85％の世界シェアを握った。

4人で立ち上げた小さな会社は、当初の計画より8年早く売上高1兆円を突破し、まさにモーターで世界一の会社になった。

「一番」の価値は大きい

覚えておいてほしいのは、どんな分野であれ「一番」の価値は大きいということである。やはり二番や三番とは、価値の重みがまったく違う。

また、「一番を目指すぞ！」と思うときこそ、人間の意識は大きく変わる。一番になるためには通常のやり方では通用しないから、自《おの》ずと努力や練習の量も増える。工夫もするだろう。また「絶対に負けない」という気概と執念が、自分の持てる力を大きく引き上げてくれるのだ。

「二番か三番でもいいか」などと思っていたら気も緩みがちになり、自分の持てる力は十分に発揮できないのである。

また一番になるためには、人と同じことではなく、あえて人がやらないことを選ぶ戦略もある。他の人がやらないということは、競争相手が少ないからだ。


たとえば、私の知り合いの医師に三人の娘がいた。

どの子も父親と同じように医学の道に進んだが、長女は医学系の研究者になり、次女は外科の勤務医になった。どちらも有名な大学の医学部を出ている。

三女は有名ではない大学の医学部に進んだ。どこの科に進んだらいいかと迷っていたので、その父親から意見を聞かれた私は皮膚科に行くことを勧めた。

というのも当時の医学部では、皮膚科や泌尿器科に進む学生が他の科に比べて少なかったからだ。実際、京都には皮膚科が足りず、皮膚科の待合室は常に混んでいる。

当然のことだが、競争相手の多い分野より少ない分野を選んだほうが成功しやすい。

結果的に、その三女は皮膚科の開業医になった。クリニックは繁盛し、今は姉妹のなかで一番稼いでいるという。

彼女は大学の偏差値やブランドで姉たちに差をつけられたと感じていたそうだが、「稼ぐ力」では姉妹のなかで一番になった。学生時代は有名大学を出た姉たちへのコンプレックスがあったが、もうとっくに払拭されている。

ものは考えようである。大学にいるときには大学の偏差値やブランドが気になってしまうかもしれないが、社会に出たらそれがすべてではない。自分はどんなことで一番になれるのか、どうしたら自分の強みを発揮できるかを考えることこそ、重要だ。

親が話を聞いてくれないと言う前に

さて、これから自分がどんな進路を進みたいのか、将来どんな人になりたいのかということを考えるようになったら、その次は親とそのことを話し合う機会を持つことを勧めたい。

たとえば、父親が自営業をしているなら自分もそれを継ぐのか、それとも会社員になりたいのか、自分で起業しようと思っているのか。まだはっきりわからなくてもいいから、中学生や高校生くらいになったら、将来こういうふうになりたい、こんなことを考えているという話を親としておこう。

当然、親の側も子どもとそうした話ができるような家庭環境をつくっておく必要があるが、なかには親が話を聞いてくれないという家庭もあるかもしれない。

親が子どもの話を聞かないというのは私も最近あちこちで聞く話だが、そうした家庭には二種類あるようだ。

まず、親が忙しく生活に追われていて、子どもとゆっくり話し合う時間がないという家庭である。

先日も、起業を考えているという大学生から、親が話を聞いてくれないと相談を受けた。両親は豆腐店を営んでいて、忙しくて話を聞いてくれないというその学生は両親の職業について「たかが豆腐屋」という言葉を使っていた。不満を述べる学生に、私はこう話をした。

――「たかが豆腐屋」と君は言う。しかし豆腐店というのは朝早くから作業をしなければいけない大変な仕事だ。君も知っていると思うが、早朝から何時間もかけて豆腐をつくり、お店に出し、飲食店にも配達し、お店が終わった後には片付けや翌日の仕込みがある。

ご両親は必死に働いて、君を大学に行かせている。君の大学の授業料やお小遣いを捻出しているのだ。その分、長時間労働になるのは仕方がない。

それなのに、君はご両親が話を聞いてくれないなんて言っている。それでは起業してもうまくいかないだろう。

それよりも、まずはご両親と一緒に豆腐をつくり、一緒に豆腐を売りに行ってみたらどうか。自分がこれからどうしたらいいのか、ご両親の働きぶりを見ていたら何か感じるものもあるはずだ。豆腐店の業績を上げる方法が思いつくかもしれない。一緒に働けば、話をする時間もある。お互いにわかり合えることもあるだろう。親が話を聞いてくれないと言う前に、自分でその機会をつくることだ。

学生のうちというのは、どうしても「親のほうが子どもに何かをしてくれるのが当たり前」と考える傾向があるが、子どもの側にも自分からできることがあるはずだ。親が話を聞いてくれないなら、自分から何かできることはないかを考えてみよう。

特に、親の仕事を手伝うのは人生や仕事について学ぶ素晴らしい機会である。

私も子どもの頃によく父と一緒にリヤカーを引っ張って野菜を売りに行ったが、その際には、一度でも安売りしたらその後はその値段でしか野菜を買ってもらえなくなるといった値付けのコツを聞き、父の働く様子を見て商売の難しさを知った。

他の子どもたちが勉強したり遊んだりしている間に、父と一緒に働きながら学んだことは今も私の血となり、肉となっている。

父は早くに亡くなってしまったが、今思えばかけがえのない時間だった。親と一緒に働ける人は、ぜひその機会を大事にしてほしいと思う。

それから、何でも親に「どうしたらいい？」と聞く人がいるが、最初から最後まで親に任せっきりにするのはやめたほうがいい。

まずは自分で本を読んだり、調べたり、実際にアルバイトを経験してみるなどして自分の頭でよくよく考えることが必要である。

「父親が医者だから、お前も医者に」で苦しむ子どもたち

子どもの話を聞かない親のもう一種類は、自分たちの理想や考えを子どもに押し付ける親である。

たとえば子どもは昆虫が好きで、将来は昆虫の研究がしたいと思っているのに、親のほうは子どもを弁護士にしたいと考えていたりする。親と子どもはまったく違う人格なのに、子どもが今どんな夢を持っているかも聞こうとしないのだ。

欧米では子どもが自ら選んだ道を認める傾向があるようだが、日本では、子どもが選

んだ道が親の理想に合わなければ、がっかりされてしまうことがある。

特に、子どもが「起業する」などと言おうものなら、猛烈に反対する親も多い。


以前もこんなことがあった。

隣人のAさんに私の息子たちの仕事を聞かれたので、自分で起業して会社をやっていると答えると、「よくそんな危ないことをやらせますね」と顔をしかめている。

実はこの手のセリフ、これまでに何度言われたかわからない。起業してもうまくいくはずがないという固定観念を持っている人は実に多いのだ。

一方、隣人Bさんのご子息は大きな自動車会社に勤めているという。それを聞いたAさんはニッコリ笑ってこう言った。

「ああ、素晴らしい。あの会社に勤めているなんて、いい息子さんですね」

ただし、よく聞いてみると、勤めているのは系列の自動車販売会社で、その先が問題なのだが、大学の専門とはまったく関係のない仕事なのだ。仕事の中身や実態がその人に合っているかどうかよりも、大企業の名がついているだけで、いいことだと決めつけるのである。

また自分が医師だから、子どもも医師にするという家庭も多い。

ある家の父親は、京都大学医学部を出たエリート医師だった。しかし息子のほうは、何度受けても一流大学の医学部に受からなかった。

結局、授業料が非常に高い某私立大学の医学部に何とか入ることができたものの、そこでも勉強についていけず、医師国家試験に落ちてしまった。その後、何とか試験に受かって大学病院に研修に行ったが、現場では「使えない」などと散々叱られ、馬鹿にされる毎日で、本人はもうすっかり嫌になってしまったという。自分はこれからどうしたらいいかと悩んでいるそうだ。

私にしてみれば、その親はそこまでして我が子を医者にしたいのかと不思議になるが、「父親が医者だから、お前も医者に」と子どもに押し付ける親は多いようだ。それに縛られて勉強するものの、受験に落ち続けて生きる気力を失くし、結果的に引きこもりになってしまう人もいる。

だからこそ、自分はどういう人生を送りたいのかを早いうちからよくよく考えておいたほうがいい。先のケースでいうなら、自分は本心から医者になりたいのか。それとも、親が言うから医者がいいと思うのか。あるいは、医者は医者でも歯科医になるなど、親と違う道を選ぶこともできるはずだ。もちろん医者でなくたって、別にやりたいことがあればそっちに進むべきなのだ。

もっとも大事なことは自分の目標をしっかり考えることである。

なかには大学入学後に自分がやりたいことがはっきりしてきて、在籍する大学や学部では学びたいことが学べないと悩んでいる人がいるかもしれない。

そんなときも、目標がはっきりしているなら基本的には学校や学部を替えたほうが良いと思う。

たとえば、ある知人の息子は獣医学部に在籍していた。もともと犬や猫が好きだったので獣医学部を選んだのだが、大学で医学を学ぶうちに人間の命を救う仕事がしたいと考えるようになったという。

そこで3年生の途中で獣医学部をやめ、医学部を受験し直した。ただ、すぐには合格できず、2年間浪人している。そのお母さんは「どうなることか」と困っている様子だったが、私は彼が自分で生きるべき道を決め、方向転換し直したことを応援してあげるべきだと話した。

今や100年生きるといわれている時代である。自分で道を決めたなら、数年の回り道くらいしてもいいのではないか。

ただ、「仮面浪人してでも、あの有名大学に入りたい」というような理由で転学を希望するようでは、その大学に入っても満足できずに、ますます泥沼にはまっていくだけである。自分がそこで何をやりたいのかがはっきりしていなければ、有名大学に受かっても有名企業に入っても、結局はうまくいかない。

親子で話してみよう

この他にも、大学で哲学を学びたい子どもや、芸術大学に進みたいという子どもに猛反対している親御さんたちからの相談を受けたこともある。

もちろん我が子が生活していけるかと心配する親の気持ちもわかるが、私はやはり本人のやりたいようにさせるのが一番だと思う。たとえば仮に芸大を出てアーティストになれなくても、デザイナーとして生きる道もあるかもしれない。アートを扱う会社で仕事をする手もあるだろう。

すぐにうまくいかなくても、自分が選んだ道であれば後悔せずにやり直せる可能性が高いが、親が無理やり違う道に行かせようとすれば、本人がやる気や意欲を失ってしまうのだ。

また、子どもを大学に行かせたいという親と、職人になりたいから専門学校に行きたいという子どもの双方から「相手を説得してほしい」と頼まれたこともあるが、そのときもいったん子どもの行きたい方向に行かせてみることを提案した。

しかし、職人の道というのは甘くない。大学を出て会社勤めをするより給料も低いかもしれないが、そんなときも親を頼ってはいけないとよく説得した。

基本的に親は子ども自身に自分の人生を決めさせるべきだが、その前には親子でしっかり話をしておく必要がある。ただ親が反対するだけでは子どもも反発する。そうではなくて、その選択をした場合に考えられるリスクや将来像についてしっかり話をし、子どもに覚悟を固めさせるのである。

その結果、自分で選んだ仕事なら多少苦しいことがあっても耐えられるはずだ。

それから、「子どもは親の背中を見て育つ」ということを、親はいつも忘れてはいけないと思う。

普段は子どもに偉そうなことを言っているのに、酔っ払って帰ってきて玄関でぐったり寝ている父親の姿や、会社の愚痴を言っている父親の姿。それを見て「勉強しないと、あんなお父さんみたいになってしまう」とけなす母親の姿。

こうした親の行動が子どもの夢を潰してしまうのだ。


この本は若い人たち向けに書いたが、読者の中には親世代の人もいるかもしれない。そういう人たちに言いたいのだが、親はただ「一流大学に行け」「一流企業に入れ」と子どもに押し付けるのではなく、ぜひ子どもと将来の夢を語り合ってほしい。

自分のこれからの夢や希望を子どもに語る一方で、子どもが何に興味を持っているのか、どんな人になりたいと思っているのかによく耳を傾けるのである。

こうした親子の対話をきっかけに、子どもは将来どんな仕事をしたいのか、自分はどんな人になりたいかと、じっくり考え始めるはずだ。


これから大学を選ぼうとする若い読者の皆さんは、自分で自分の将来を考え、親と話してみよう。最初は話すような夢がなくても、問題意識を持っていれば、次第にはっきりしてくるはずだ。その夢に合わせて、学部を選び、大学を選ぶのだ。

そういう選び方をしないと、偏差値やブランドで大学や学部を選び、就職先も「人気企業ランキング」みたいなもので選ぶことになってしまう。親に言われたからとか、イメージだけで選ぶと、大学や企業に入ったあと、前向きな気持ちになれず、適性に悩むことになりかねないのだ。

第3章

大学で何を学ぶか
——世界で戦う実力を身につけよ

ピンチのときこそ成長のチャンス

本章のテーマは、「大学で何を学べばいいのか」ということである。

当然のことだが、しっかり心に刻んでおいてほしいのは、大学は「学びの場」であるということだ。

大学入学までは必死で受験勉強に取り組むが、大学に入学した後はサークル活動に没頭したり、アルバイトに精を出したりする学生も多い。

以前であれば、大学ではそれほど真面目に勉強しなくても単位さえ落とさなければ苦労せずに就職できた時代もあったが、もはやそれは通用しない。今は企業のほうも必死で優秀な人や実力のある人を探している。

大学でこれから4年間のんびり遊ぼうなどと考えている人は、いざ社会に出るときに、周囲と大きな差がついてしまうはずだ。大学時代こそ存分に学んでほしいと思う。

私も大学時代は先生を上回る勉強をして、講義では毎日のように質問攻めにしていたが、それは会社に入ってからの実力と自信につながった。

また2022年現在、収束していない新型コロナウイルスの影響で、若い人たちもなかなか友だちに会えないとか、活動が制限されるなど、いろいろと不便なことを感じているのではないだろうか。

しかし、私がこれまで50年間経営をしてきて実感しているのは、オイルショックやリーマンショックといった大きな困難のときにこそ頑張っている人や企業が大きく伸びるということである。

世間が安泰ムードのときには緊張感もなく、人は怠けがちになってしまう。

だが、大きな問題が起きたときに目の前の苦しさにめげず、そこから真摯に学ぼうという前向きな姿勢を持つ人は、危機に対応する力や跳ね返す力を身につけることができる。

オイルショックやリーマンショックのときも、日本電産は抜本的に経営体質を見直すことで、それ以前より圧倒的に強い組織に生まれ変わることができた。多くの社員も、ピンチに強い人材に成長した。

ピンチというものは、必ずチャンスを連れてくるものだ。ただし、誰にでもわかるように連れてくるわけではなく、どこかにチャンスを隠して連れてくるのである。だから必死になってチャンスがどこにあるかを探さなければ見つからない。

今は世界的な大ピンチの時期だが、若い人たちにはこういうときこそ他人と差をつけるチャンスだと前向きに考えて、大いに勉強し成長してほしいと願っている。

さて、言わずもがなのことだが、大学での勉強というのは単に情報を暗記することではない。

大学で学ぶべきは、自分の頭でしっかり物事を考え、課題を見つけ、それについて自分の意見を言えるようにすること。さらに専門的な知識を持ち、社会に出たときに役に立てる即戦力を身につけておくことである。

社会に出たときに役立つ即戦力をつけるというと、よく「大学は専門学校ではない。大学はそんな勉強をするところではない」などと批判する人がいるが、私が言いたいのは、与えられた環境で課題を解決するために必要な知識や経験を身につけておくということである。

大学には経営や経済、人文科学、法律、工学、理学、医学などさまざまな学部があるが、どれをとっても社会に必要な学問だ。しかし、卒業に必要な単位を取得していても、基礎となる考え方や基本知識を身につけていない卒業生も多い。基礎をしっかり学んでおかなければ、社会に出たときに「君は大学で何を勉強してきたのか」と言われてしまうだろう。

社会に出て成功するためには、大学の4年間に何をするかが大事なのである。この間にしっかり学んで、どんどん自分から行動することだ。

さて、学部や学科それぞれ必要な学びは違うと思うが、私が大学時代に最低限、鍛えておくべきだと考えているのは、「専門性」「英語力（特に会話力）」「雑談力」「ディベート力」の４つである。

大学では専門分野をしっかり磨け

やはり大学では、自分の専門分野をきっちり勉強しておくことが必要だ。

最近は、工学部を卒業しているのにモーターの基礎といった初歩的なことを知らない人が多い。また商学部を卒業しているのに簿記や決算書がちゃんと読めない人や、経営学部を卒業していても経営の初歩を学んでいない人もいる。自分の専門分野をきちんと学んできていないのだ。

しかし、これからの時代に必要なのは、プロフェッショナル（専門性）である。

今後、工場は完全に自動化され、労務管理といった仕事もＡＩで行なわれるようになるだろう。そうなれば、何も強みのない人間は仕事がなくなってしまう。大学もきちんと専門性のある人材を育てなければ、せっかく卒業させても働くところがなくなるのだ。

また今後は、会社に入社したら年功序列で出世していくとか、一流大学を出れば出世できるなどといった既存の組織のあり方はなくなるはずである。つまり、真の実力主義の社会になるということだ。

そのため、大事なことは「どんな専門性を持っているか」である。しっかり自分の専門性を持っている人は競争の激しい世界でも強い。

たとえば、私の友人に「ねじ」の研究者がいる。

この人の出身大学ははっきりいって有名でもなければブランド大学でもないが、明けても暮れてもねじを研究し続けていて、これまでに膨大な研究データや論文を持っている。

そのため今やねじの世界的権威で、世界中の自動車メーカーからいつもお声がかかっている。車の走行中にねじが少しでも緩めば大事故にもつながりかねないため、ねじというのは非常に大事な部品なのだ。

このように、自分の専門性をぐっと深く掘り下げていくことが自分の価値を高めていくのである。

しかし、日本の多くの大学における、1、2年次のカリキュラム構成は専門科目の比重が低すぎると考えている。

たとえば工学を学びたくて入学した学生が一般教養科目ばかりの講義を受けさせられたら、その間に学ぶ意欲を失い、無気力になってしまうかもしれない。1，2年次は時間もあるため、バイトや遊びに没頭してしまう人も出てくるだろう。

そこで、京都先端科学大学では前述した社会人としての基礎力養成に加え、3、4年次でより深く学ぶことになる専門分野につながる基礎科目を1、2年次に教えることにもう一つの重点を置いている。

これを聞いて「大学ではなくて、専門学校のようですね」と言う人もいるが、そういう人は、企業が今どんな人を求めているかがわかっていない。

たとえばモーターを例にとると、昔はモーターをつくる際には機械技術の知識があれば十分だったが、今は一口にモーター工学といっても多様な基礎技術が関係しており、応用範囲もさまざまだ。そのためモーターや機械の知識以外にもコンピュータサイエンス、計測工学、量子力学、材料科学、ロボティクス、数理科学、VR（仮想現実）やMR（複合現実）といったIT技術など、膨大な知識や技術が欠かせない。だから我が大学の工学部では、さまざまな領域を専門とする教員が集結している。

現代社会には高度な専門教育が求められているのに、今の日本の大学はそれに追いついていないのだ。そのため、せっかく大学を卒業しても学んできたことが社会に活かされないのである。

そこで京都先端科学大学では、たとえば工学部の学生はモーターの工場で研究をする、経済経営学部の学生は株主総会を見学するなどの実地教育も取り入れようとしている。

実社会での経験を積まなければ、社会に出たときに活躍できないと考えるからだ。

読者の皆さんも、大学で専門分野をしっかり勉強するのはもちろん、企業でのインターンシップなどを通して実社会で自分の専門性を高める経験をしてほしい。大学でいろいろ勉強していても、実際の業務を体験してみたら自分に足りないものがあると気づくこともあるだろう。

所属している学校や、一般のＮＰＯなどでもインターンシップやボランティア活動の機会を提供している。ぜひ興味のあるものを探してみてほしい。

さらに、今は産学連携のプロジェクトやビジネスコンテストなども盛んに行なわれている。そうしたものに参加して、自分の力を試してみるのもお勧めである。

英語はこれから必要最低限のスキル

「英語を話せる人材を育ててほしい」

私には経営者の知り合いが多いが、私が「大学の理事長になり改革を進めている」と

言うと、ほぼ全員が口を揃えてこのように切望する。私もそれは日頃から実感している
ため、まず大学で力を入れたのが英語教育である。

グローバル企業において、英語はもはや運転免許のようなものだ。仕事をする上で英語を話せることは必要最低限のスキルであり、英語ができなければメールや電話をする際にも大変な時間がかかり、生産性も落ちてしまう。

仮に日本電産に入社したとしても、英語を使えなければ仕事にならない。

今、我が社は世界43カ国にグループ会社があるが、たとえばポーランドにある会社を訪ねる場合、こちらにはポーランド語を話せる人はほとんどいない。また先方の会社にも日本語を話せる人が少ないため、必然的に英語で話すことになる。それに、出張する社員にいちいち通訳をつけるわけにもいかない。

このような企業は当然、我が社だけではないはずだ。グローバル化にともなって英語が必要な会社はどんどん増えている。

グローバル化で変化を求められるのは、国内の社員も同じである。

たとえば日本電産の本社の人事部長は、米国にある日本電産モーターのアメリカ人の人事部長と頻繁に電話で連絡をとっているが、その際に使うのは英語だ。世界的にはマイナーな言語である日本語を外国人に強制するわけにいかないからである。

日本企業も、これからは世界を相手にしなければ生き残っていくことは難しくなる。むしろ日本は島国だからこそ、自ら積極的に世界に出て行かなければならない。

そしてグローバル企業であれば、これまで外国とは無縁と思われていたような職種や部署でも当たり前のように英語が飛び交うようになるだろう。たとえば総務や経理などのバックオフィスの部門でも、外国のグループ会社と直接やりとりをする際には英語で話さなければいけない。

さらに、我が社のモーター基礎技術研究所にはアメリカやイギリス、中国、インドなど、世界中から研究者が来ているため、研究所内の共通語は英語になっている。日本人同士で話す際には日本語を使ってもいいが、会議の場に一人でも外国人がいたら必ず英語に切り替えるというルールである。こうした会社は今後増えていくだろう。

今、英語力が必要なのは会社員だけではない。

新型コロナウイルス流行前のことだが、私は行きつけの寿司店の若い三代目から「客が減って困っている。どうしたらいいだろうか」と相談を受けた。そこで、英会話を学ぶようアドバイスしたところ、彼は英会話の勉強を始め、日常会話が話せるようになった。

すると、たちまち外国人客が増えた。英語でやりとりができる飲食店を求めている外国人観光客は多いのだ。一気に人気店になり、なかなか予約のとれない店になってしまった。

問題は、実践的な英語を話せる人が少ないことだ。これが今の日本の大きな課題である。日本のトップ大学を出ていても、TOEICが300点、400点台という人もいる。

欧米はもちろん、アジアでもすでにグローバルベースの社会に変わっているのに、日本ではいまだに英語が話せるだけでちょっとしたエリート扱いである。それぐらい日本の教育は甘いということだ。

一日も早く英語を習得しよう

なぜ日本人は英語が苦手なのか。

私はやはり、高校までの英語教育が問題だと考えている。

本来、英語というのは、相手とコミュニケーションをとるための道具だから、英語を聞く力、話す力、読む力、書く力などをバランスよく身につける必要があるが、日本の英語教育では読み書きと文法が中心である。特に外国人と話す機会が少ない。

日本人英語教師の英会話能力も課題だろう。

文部科学省が実施した「英語教育実施状況調査」の令和3年度版によれば、文部科学省が英語教師の能力の目安としている英検準1級以上の基準を満たしている英語教師の割合は、高校で74・9％、中学で40・8％しかない。

また、1年以上の留学経験のある高校の英語教師はわずか10・5％だという（編集部注・平成28年度版。近年この調査は行なわれていない）。

しかも、授業では細かな文法の違いにこだわる先生が多い。

私も昔、「スリッパーじゃなくて、スリッパーズ！」と言われたことがあるが、そういう細かなことばかり気にしているから、子どもたちが英語嫌いになってしまうのではないだろうか。

大事なのはペーパーテストで良い点を取るための英語力ではなく、きちんとコミュニケーションできる実践的な英語力なのである。

そこで京都先端科学大学では社会で使える英語を身につけさせるため、外国語教育で実績のあるベルリッツと提携し、入学時からＴＯＥＩＣで２５０点以上アップできるように集中して英語を学ばせている。最終的には、卒業時までに全員がＴＯＥＩＣ６５０点以上になることを目指している。

さらに、2020年から新設した工学部では、すべての授業を英語で行なっている。日本には技術系で英語のできる人材が少ないが、英語ができれば必ず海外でも活躍できるはずだ。

そのため、世界各地から教員として優秀な技術者を招いている。「英語を学ぶ」のではなく「英語で学ぶ」ことで、まさに実践的な英語力を身につけさせるのだ。

英語で学ぶのは日本人の学生が英語力をつけるためでもあるが、実は外国人留学生が学びやすくなるというメリットもある。今までは日本語を話せないという理由で日本を選ばなかった外国人留学生も、英語で学べるなら日本の大学を選ぶ可能性も出てくる。優秀な外国人留学生の獲得も、真の国際化を果たすための強力な武器になるはずだ。

2025年度からは、工学部だけでなく、経済経営学部・バイオ研究学部に英語で授業を行なう国際コースを設置予定である。

ところで、こうしたことを言うと「自分には無理」と臆してしまう学生も多い。

しかし、その心配は杞憂《きゆう》だと思う。

確かに我が大学の工学部でも、初年度の学生は皆たどたどしい英語を話していた。ところが2年生になったら、ほとんどの人が問題なく授業を受けている。3年生なんて、びっくりするくらい流暢《りゅうちょう》に英語を話している人がほとんどだ。もちろん英語の授業についていけないという学生には、きちんとフォローするプログラムもある。

実際、学生たちに英語授業の感想を聞いてみると、「2カ月も経つと英語に慣れて、今はもう抵抗はありません」、「毎日英語を使っていると感覚が養われていく」、「語学は頭の良さではなく、慣れだと感じている」など、さすが飲み込みの早い若者だと感心してしまう（感想はすべて1年生のもの。『永守重信の人材革命』日経BP社より抜粋）。

読者諸君も、英語の習得は一日も早いほうがいい。

中学生や高校生のときから、英会話を真剣に学ぶことをお勧めする。

たとえば30代を過ぎてから英会話を学ぶようでは世界の競争に勝つことは難しいから、

少なくとも10代、20代のうちにはしっかり英語力をつけておいたほうがいい。

そして機会があればどんどん海外に出ていき、現場で生きた英語とコミュニケーションを学んでほしい。

若いうちに雑談力を鍛えよ

私は仕事で海外の人とも会うが、よく言われるのは「日本人というのは、仕事は優秀だが、食事に行っても仕事の話ばかりで面白くない」ということだ。

確かに、日本のビジネスパーソンが一番苦手なのが雑談やジョークではないだろうか。

もちろん英会話が苦手な人が多いということもあるが、そもそも仕事以外で何を話したらいいのかわからないという人も多い。外国人と一緒に食事をしても、黙って食べている人が多いという。

これでは日本人はつまらないと言われても仕方がない。

ぜひ、これからの若い人には、今のうちから雑談力をつけてほしいと思っている。

どんな仕事をする上でも雑談力は欠かせないが、特に商売をやっていくためには、まずお客さんと会話ができなければ話にならない。

「こんにちは、何か注文ありませんか？」だけでは、うまくいかないのだ。また、いきなりビジネスの本題に入ってもうまくいかない。人間というのは、相手の腹のうちがよくわからない間は心を開かないからである。

特に海外での商談では雑談力が大きくものをいう。自分と文化や歴史がまったく違う相手と打ち解けるためには、まずはジョークで笑いをとり、相手が興味を持ちそうな話題で警戒心をほぐす必要がある。

昔、こんなこともあった。ウクライナ侵攻よりずっと前の、ロシアでの商談の際のことである。

いよいよ商談が大詰めというとき、ロシアでは食事やお酒をともにすることが多い。そのときには7、8人でテーブルを囲んだが、ウォッカを飲みながら、一人ずつ小話を披露しようということになった。

数分の小話にオチをつけ、その場にいる者を笑わせなければならない。そして相手を爆笑させたら「面白い！　注文数2割アップだ」と購買条件が変わっていくのだ。

それを5回くらい繰り返しただろうか。一つや二つではなく、いくつも面白い話を仕込んでおく必要があるし、この後にどんな話し方をしたら彼らは笑うだろうかと、場の雰囲気を見ながら臨機応変に考えなければいけない。なかなか大変なのだが、私が有利な購買条件を獲得したのは言うまでもない。

このように、ロシアに行ったらロシア流の、フランスに行ったらフランス流の振る舞い方がある。ただ笑ってニコニコしているだけでは、ビジネスもうまく運ばないのである。

特に西欧社会では、こうした社交の場での振る舞い方が重要である。

私は、日本の外交があまり上手と言えないのは、社交の場での雑談力が低いからではではないかと思う。自国や相手国の歴史や文化、宗教、芸術、文学、芸能などに対して幅広い知識や教養を持っていなければ雑談もできないのまた日本の政治家には、はっきりいって話が下手な人が多い。

そもそも彼らは官僚が作成した文章を棒読みしているだけである。海外の政治家は自分の言葉で語る人が多いが、日本の政治家は自分の言葉で語っていないので、どこか人ごとのようで聞いている人の心にも響きにくい。

これからのリーダーに求められるのは、雑談力とユーモア、そして自分の言葉で語る覚悟だ。

ただ、今の日本の教育では雑談力も育ちにくいと思ってしまう。

なぜなら、先生が教壇に立って教科書の内容を説明するのを聞いているだけで生徒に話をさせていないからだ。小さな頃から親や先生の話を聞くことや、従順であることが良いこととされ、自分から何かを始めようとする子どもも少ない。そもそも、雑談力の高い先生も多いとは言えないと思う。

しかし、考えてみれば私の尊敬する実業家には話の面白い人が多かった。本田宗一郎さんや松下幸之助さん、稲盛和夫《いなもりかずお》さんなどは非常に話がうまく、聞いている人をぐっと惹《ひ》きつける魅力があった。こうした人たちは人間性も豊かで、取りあげる話題も実に幅が広い。

私も大学の式辞や会社のスピーチはすべて自分で考え、原稿なしで臨むようにしている。その場で学生や社員たちの顔を見ながら、笑える話や過去の面白いエピソードを交え、飽きさせないように工夫している。

そういえば、アメリカのトランプ大統領（当時）が来日した折、日本の財界人20人ほどが懇談会に招待されてそれぞれがスピーチすることになった。私の番もやってきた。貧しい生活だったが、アメリカがくれた脱脂粉乳を人一倍飲んだおかげで、人一倍大きく育ったという話を面白おかしく話して会場を沸かせたが、トランプ元大統領も私のスピーチを聞いて、「こんな日本人もいるのか」と感心していたそうだ。

ただ真面目に仕事をしているだけでは世界中の人と円滑なコミュニケーションをとることはできない。相手の心をつかみ、お互いの距離を縮め、人間関係を豊かにするのが雑談の力なのである。

雑談力がつく習慣とは

では、雑談力をつけるためにはどうしたらいいのか。

まずは普段からアンテナを張り巡らして話題になるネタを探すなど、雑談のための「引き出し」をたくさん用意しておくことが大事である。

たとえば私は技術者に対しても、技術書ばかり読んでいるのではなく、たまには小説を読んだり、美術館に足を運んだりして人間力を高めなさいと話してきた。大事なことは一つの分野に偏らず、さまざまなことに興味を持つということだ。

私の場合、たとえば理髪店に行ったときは必ず女性週刊誌を読んでいる。

そのため、実は芸能界のゴシップや流行のことにも詳しい。俳優の不倫騒動などもよく知っていて、周囲に「どうしてそんなことまで知っているんですか？」とびっくりされることもある。

若い人にはスマートフォンだけですべてを済ませようとする人も多いが、いろいろな情報源を持つことが大切である。本や雑誌、新聞などもいろいろ読んで、関心分野を広げておこう。

また、学生のなかには、自分がこれから就職する会社のこともあまりよく知らないという人がいる。

だが、それではいざ入社してみたら自分の思っていた業態や雰囲気と違うということになりかねない。やはり自分が関心のある会社や業界のことぐらいは、日本経済新聞などで日頃からチェックしておくべきである。

雑談力をつけるためには、多様な人と付き合うのもお勧めだ。

たとえば、前述したように私は学生時代にガス管を通すための穴を掘る肉体労働のアルバイトをしていたが、この仕事には全国各地から若い人たちが集まってきていたため、さまざまな地域の出身者と友だちになることができた。鹿児島や岡山、福島、仙台など、あらゆる地域の人がいて、機会のあるごとに彼らの地元に遊びに行った。このアルバイトのおかげで、日本全国ほとんどの県に行ったはずだ。そうすると、今度は実際に訪れた土地の話もできるようになる。

このように自分とは違う地域や職種などの友人をつくると、雑談のための引き出しが多くなる。

また外食の際は、お店の大将やスタッフと話をするのもいい。普段は知り得ない情報や視点が身につくだろう。

サークル活動やボランティア活動などでもいろいろな体験をし、多様な人と話をすることが大事である。

そういえば、京都先端科学大学では体育を必修科目にしている。それは体力をつけるためでもあるが、雑談力や協調性を養うためでもある。

体育の授業では、サッカーなどをする場合、作戦を立てる過程でチームメンバーとコミュニケーションをとる必要がある。チームワークを考えなければ試合にならないから、必然的に雑談力や協調性も鍛えられるはずである。

また当然のことだが、海外で雑談をするためには英語力が欠かせない。やはり普段から英語で会話できる力を磨いておくことが大切だ。

ディベート力を鍛えよう

さらに、若い人に磨いておいてほしいのはディベート力である。

一般的に、日本人は人前での意見表明や議論、討論が苦手だ。つまりディベート力が低い。

日本では「自分はこう思う」「こう考える」と自分の意見を言う人は少ないが、欧米では自分の意見を言うのは当たり前のことであり、ディベートはビジネスの基本中の基本とも言えるスキルである。

欧米などで議論になると、10人中9人が賛成するような意見に対しても、たいてい1人くらいは堂々と反対する人が出てくるものだ。

日本では「こんなことを言ったら、場の雰囲気が悪くなるのではないか」などと気にする人が多いようだが、欧米ではその人の意見は意見として尊重される。まずは自分の主張を持つことが大事だと考えているからだ。

そのため、欧米では子どもの頃からディベート力や発信力を育てる教育が充実しているが、残念ながら日本の教育ではほとんど見られないようだ。

そこで京都先端科学大学では、英語力と一緒にディベート力を育成するよう、教員たちに指示している。

読者の皆さんにも、なるべくさまざまなことに対して自分の意見を持ち、自分から積極的に人前で話す体験を重ねてほしいと思っている。

自分の意見を持つためにはあらゆることに興味を持ち、ニュースを見たり、本を読んだり、いろいろな人の話を聞いたりする必要がある。時事ネタや国際的な話題についてもよく調べておかなければいけないし、同じ学校や会社の人間だけでなく、別の学校や異業種の人と付き合うことも重要だ。

たとえば私の場合は医師の知人が多いのでよく話をするが、そうすると医学界の話もよく耳に入ってくる。すると、普段周りにいる業界の人たちとは異なる視点が身につき、「異論」を持てるようになる。

皆さんだって、医師はもちろん、いろいろなお店の人と話す機会があるだろう。そういうときに積極的に話すことだ。友人たちとは違う意見を語れるようになるだろう。

結局、異論を持つことが大切なのである。どんな組織でも、いろいろな意見があるから変化が生まれ、活性化するのだ。皆さんも、ぜひ、独自の意見を持てるように日ごろから努力してほしい。

また、日本では質問をする人も少ない。私が大学で講演をするときなど、「何か質問や意見はありませんか？」と聞いても誰も手を挙げない。しかし「これについて君はどう思う？」とこちらから当てると、きちんと答えられるのだ。当てられたら答えられるのに、自分から進んで積極的に発言するという人はほとんどいない。

私は若い頃から講演会などを聞きに行ったときには、たいてい一番に質問するようにしていた。もちろん「一番」が好きだからだが、私が手をあげて質問をすると、その後にようやく「では、私も」というように手をあげる人がポツポツ出てくる。誰かが手をあげたら手をあげるというのが日本の典型的なパターンだ。

その原因は、やはり自分の意見や質問を述べさせる教育をしていないためだろう。自分の考えを整理し、人前で発表することに慣れていないのである。

しかしせっかく講演を聞きに行っても、黙って聞いているだけなら講演録を見ているのと変わらない。その場で質問し、それに直接返答してもらうことによって得られる経験は大きいはずだ。質問することで講演者と知り合いになるチャンスも生まれる。

もしも質問をするのが恥ずかしいと思っているなら、そういう人こそ人前で話をしておく練習が必要である。

また、「的外れの質問をしたら恥ずかしい」と思うのなら、恥ずかしくならないように、少し勉強しておけばいい。

そういう場で何度か質問をしていると徐々に慣れてきて、そのうちまったく気後れせずに質問できるようになるはずである。

とにかく日本人は自分の意見を表明することや質問をすることを臆する風潮があるが、グローバル化した社会では自分の意見をきちんと言えない人はそこにいないも同然の存在になってしまう。

これからは、積極的に発言する力や自分の考えを他人に伝える力を鍛えていかなければならないのである。

広い視野を持つことが大切

このように私は、大学では「専門性」「英語力」「雑談力」「ディベート力」の4つを鍛える必要があると考えているが、こうした力を育てるためには、自分から広い世界に出ていろいろなことを体験し、多様な人と話をすることが大事である。

高校時代までは親の庇護《ひご》のもとに置かれている学生たちも、大学時代にはこれまでの世界を飛び出して、より広い視野を身につけ、人間力を鍛えてほしい。

たとえば、海外の留学やインターンシップなど、学生時代だからこそできるものに挑戦してみるのもいいだろう。

ただ、昨今は日本でもインターンシップが注目されているが、数日間単位の簡単なものも多い。会社説明会の延長のようなもの、学生を「お客様」として接する見学会のようなもの、あるいはちょっとした職業体験プログラムなどもあるが、こうしたものではビジネスの現場を知ることは難しい。

そこで京都先端科学大学では、より本格的で長期にわたるインターンシップ制度を導入している。

まず国内では金融やメーカー、食品、コンサルティングファームといった民間企業の協力を得て現場で実習を経験させている。

また、新型コロナウイルス流行前までは、海外でも日本電産のグループ企業のほか多数の企業に協力してもらい、アメリカやオランダ、シンガポール、タイなどで平均3ヶ月から半年ほどのインターンシップを行なっていた。

国内でも海外でも、学生たちはサポートという立場で営業に同行したり、ミーティングに参加したり、企画や管理業務を行なったりするなど実際のビジネスに関わる。

ただし、今まで体験したことのない現場で働くため、当初は不安を感じる学生も多いようだ。特に海外では言語が違う環境で初めてビジネスに挑戦するので、学生にとっては非常にハードな環境といえる。

しかし厳しいからこそ、得られるものは大きい。

それは海外から帰ってきた学生たちの姿を見ていても明らかだ。インターンシップに行く前と後ではまったく印象が違うのである。

インターンシップ後には成果報告会を行なうが、その場にいる学生たちは皆胸を張っており、目はいきいき輝いている。それぞれが堂々と発表を行ない、質問も盛んにするようになる。見違えるように積極的に変わるのである。

しかし、それもよくわかる。

世界の国、特に欧米は激しい競争社会である。成果を出す人はとことん成果を出し、若い頃から10万ドル、20万ドル、あるいは100万ドルという報酬を受け取る。こういう人は非常に前向きでアグレッシブである。

しかし、そうでない人は低賃金で働かなくてはいけない。この差が大きいのだ。

そういう環境ではボヤボヤしていると、どんどん抜かれていってしまうが、そんな場所で数ヶ月間、揉《も》まれてきた学生はまるで見違えるように変わるのである。

そういえば、私はアジアにもよく行くが、アジアにも積極的な人が多い。

たとえば以前タイの工場に行ったときには「自分と同じ時期に入ってきた女性がマネージャーになったが、なぜあの人がなれて、私がなれないのか」とクレームを申し立てる女性がいて驚いた。「あの人はこういうことはできないけど、私にはできる」と猛アピールしてくる。日本の会社ではあまり見られないが、海外の会社にはよくある光景のようだ。

というのも、日本では入社年次や年齢、学歴などによって一律に評価が決まる企業が多く、自分の成果を主張する必要がない。

しかし成果主義が主流の国では、やはりきちんと自己主張しなければ、他の人と差をつけられてしまうと考えるのである。

こうしたことも、実際に海外に出てみなければわからない。「グローバル社会とはどういうものか」「多国籍の人と働くとはどういうことか」を学ぶために、海外でのインターンシップは貴重な経験になるだろう。

もちろん短期間であっても海外で働くためには高い英語力が必要だが、日本にいるだけでは得られないコミュニケーション能力も身につくはずだ。

今は、民間企業やＮＰＯが主催する海外のインターンシッププログラムなどもあるようだ。参加する前には十分に調べることが大事だが、もしも良さそうなプログラムがあったら参加してみるのもいいだろう。

さらにグローバル環境で相手の立場を尊重できるようになるには、リベラルアーツなどの教養も大事である。世界の歴史や文化、宗教などにも広く興味を持ち、読書や旅行をすることをお勧めする。

前述したように、理系の人にも人間に対する関心や人文学的な理解は欠かせない。

たとえばロボットやＡＩの開発過程ではハードウエアやソフトウエアの知識が欠かせないが、ロボットなどが人間社会に溶け込む世界を想定すると、今後は人間との共存をいかに図っていくかということが鍵になる。そのため、人間心理や人間行動学といった人文学的なアプローチや、法整備やルールづくりといった社会科学的な分野の理解も必要だ。

そのためにも、学生時代にはさまざまなことに興味を持って、広い世界を見てほしいと思う。

もう一つ、若いうちに最低限の礼儀やマナーを知っておいてほしい。

以前、海外留学から帰ってきた社員が、机の上にどかっと両足を上げていたことがあって、注意した。いくら海外にいたとはいえ、ここは日本である。机に足をのせる行為は外国でもどうかと思うが、特に日本では礼儀のなっていない人だと思われても仕方がない。

若い人には、ぜひ最低限の礼儀やマナーを身につけてほしいと思う。

日本の会社員の熱意が低いのはなぜか

それから、大学時代はこうした勉強や自己鍛錬に励むだけでなく、自分の将来について、さらにじっくり考えておくべき時期である。在学中には就職活動も始まるが、その前に自分の専門を活かせる適職は何か、本当にやりたいことは何かをしっかり考えておく必要がある。

一般的に、海外の人は会社に入社するときもその会社の知名度やイメージよりも、自分のやりたいことや専門性に合った会社を選んでいるが、日本では違う。

たとえば、一流大学の学生は就職活動であちこちの企業から内定をもらう人が多いが、その内定先といえば、銀行もあれば商社もあり、メーカーや保険会社もあるといった具合に一貫性が見られないことが多い。「君はいったい、何をやりたいんだ？」と聞いても「いやぁ、まだわかりません」などと呑気《のんき》なことを言っている。自分は何になりたいのか、どんな仕事をしたいかが決まっていないので、とりあえず有名な企業を片っ端から受けているのだ。

最近は入社して数ヶ月や数年で辞めてしまう新入社員も増えて問題になっているが、自分の興味や適性を無視した大学選びや会社選びの結果ではないだろうか。

もともと興味のないことには熱意も持ちにくいから、入社後に戦力にならないどころか、ちょっと辛いことがあったらすぐに辞めたくなっても不思議はない。


日本の会社員の熱意といえば、こんな調査がある。

２０１７年にアメリカの調査会社ギャラップが世界各国の企業を対象に、従業員の仕事への熱意度を調査したところ、日本の企業には「熱意あふれる社員」の割合が６％しかなかったという。アメリカの32％と比べて大幅に低く、調査した１３９カ国中の１３２位で最下位レベルだったという。

また、諸問題を生む「周囲に不満をまき散らしている無気力な社員」の割合は24％、「やる気のない社員」は70％にも達したそうである。

これほど日本の会社員の熱意が低い背景には、自分の興味や適性を無視した会社選びの影響があるのではないか。

また、日本の大企業のなかには学閥によって出世コースが決まっていたり、減点主義によって少しのミスでも簡単に飛ばされてしまったりするところもある。

それでは従業員が仕事に対する熱意を保ち続けるのは難しい。

必死に受験勉強をしてようやく一流大学に入り、大企業に入社できても、その後の30年、40年を無気力に過ごすとしたら、それは幸せな人生とはいえないだろう。

やはり企業も知名度や大きさで選ぶのではなく、本当に自分がやりたい仕事や自分の適性に合った職種や組織を選ぶべきである。

どんな友人を持つべきか

大学時代にやっておくべきこととして、最後にあげたいのは友人をつくることだ。

私は国からの奨学金で大学に通った。さらに、明確な起業計画を立てていたこともあって大学の４年間は必死になって勉強した。あまりに机にかじりついて勉強するものだから、「かまぼこ」というあだ名をつけられたぐらいだ。

しかし、大学時代はそれだけでなく、仲間をたくさんつくった時期でもあった。

実は日本電産の創業メンバーとなった私以外の３人は、同じ大学の後輩である。

食事をともにし、お酒を飲みながら、私たちはよく夢を語り合った。

「俺は将来、絶対に会社をつくる。そのときはぜひ一緒にやろう。俺が社長で君は副社長だ」

そんな夢に惹かれた人間たちが集まってきたのだ。

私が最初に入社した企業にこの仲間たちにも就職してもらった。その後、私が転職した際には、私と行動をともにしてくれた。

この仲間たちは学生時代からの長い付き合いがあるので、お互いの良い面も悪い面も知り尽くしている。私が起業する前は「永守さんがやるのなら、いつでもついていく」と言っていた会社の後輩や部下たちがいざ起業したら誰もついてこなかった話は前にも触れたが、立ち上げたばかりの会社では毎月の給料がきちんと支払われる保証はないのだから、確かに勤めている会社を辞めるリスクは大きい。

そんな状況でも私と一緒に夢を追いかけてくれたのは、この学生時代からの仲間たちだけだった。

ちっぽけなプレハブ建屋で創業した直後にはなかなか受注できず、用意していた資金もすぐに底をついてしまったが、それでも乗り切れたのは4人が昔の夢を失っていなかったからだ。

創業直後だけではない。日本電産が零細企業だった頃には、倒産するのではないかという危機が何度もあった。私は誰よりも明るく誰よりも前向きだと自負しているが、私自身、死んでしまおうかと考えたこともある。しかし、「何もないけど、俺には、俺を信じてくれる昔からの仲間がいるじゃないか」と思って乗り越えてきた。

もしも彼らがいなければ、今の私も、日本電産もなかっただろう。

高校から大学時代にかけては勉強も大事だが、ぜひ皆さんも友人をたくさんつくってほしい。

特に一緒に夢を語り合える仲間をつくってほしい。海に行ったり山に行ったりする遊び仲間もいいが、大事なのは夢を語り合える仲間だ。お互いに励まし合い、鼓舞し合える仲間をつくろう。

また、友だちになる人は向上心のある人がいい。負けず嫌いな人もいい。お互いに切《せっ》磋琢磨《さたくま》して成長していけるはずだ。話の面白い人も良い仲間になる。

それから性格が明るいというのは特に大切で、絶対条件ともいえる。

その反対に、日本の将来は暗いとか、自分はもうだめだとか、そんな話をしながらグダグダお酒を飲んでいるような人は周りまで引きずられて暗くなってしまうから、付き合わないほうがいい。

友人というのは、一緒に明るい未来を語れるかどうかがもっとも大事なのである。

外国の人と友だち付き合いをするのもいいだろう。

他国で育った人には日本人とは考え方や性質がまるで違う人も多いからだ。自分とは文化的背景が異なる人と話をすることで、日本人同士だけで話をしているときよりも広い視野で物事を見られるようになるはずだ。

たとえば、私たち日本人の多くは蛇口をひねればきれいな水が出るとか、学校に通えるのが当たり前という環境で暮らしてきたが、そうではない環境の地域で暮らしてきた人もいる。いろいろな環境の人と付き合うことで、お互いの視点が異なることにも気づくだろう。

さらに、生活習慣やマナーが違う国は多い。日本では小さな頃から「食事中は静かに食べるのがマナー」と教わるが、そうではない国もたくさんある。男性が優遇される国もあれば、レディファーストが当たり前の国もある。こうした各国の違いを知ることも、人間力やコミュニケーション能力を磨く上で重要だ。

また、他国の人と付き合うことで、新たな気づきを得ることは多い。

たとえば日本電産は海外企業も経営しているが、日本以外の国、特に欧米では残業や週末出勤をする社員はほとんどいない。

日本人の私たちは創業時から長く働くことによって会社を大きく成長させてきたが、買収した先のドイツの企業でも、フランスの企業でも、アメリカの企業でも、残業をしている会社は一つもないのだ。

でも、働く時間が短いからといって彼らの業績も悪いのかというと、そんなことはない。ドイツの企業などは残業もせず、夏休みを1ヶ月間もとりながらも高い利益率を達成している。生産性だけで見ればドイツは日本の2倍である。

そういう社員たちを見ているうちに、私は日本の働き方のほうがおかしいのではないかと考えるようになった。

もちろんハードワークは大事だが、時間をかければいいというものではない。むしろ長時間労働を続けていては、これからの世界では勝てないと考えた。

そこで、2015年から本格的に残業ゼロを掲げ、働き方改革を進めることにした。「人の倍働く」を信条にしてきた私がそれまでとは180度違う発想ができたのは、日本人とは違う人生観や職業観に触れたがゆえである。

これからの時代を担う君たちには、ぜひ世界中で友人をつくり、広い視野を手に入れてほしいと思っている。

何よりも、苦難のときにお互いに全力で支え合えるような仲間をつくってほしい。心と心でつながった仲間である。

そんな仲間は簡単にはつくれないかもしれないが、諦めてはいけない。時間をかけてでも探す価値はあるのだ。

第4章

どうしたら社会で活躍できるのか

——成功するために必要なものとは

社会に出てからが本当の勝負

これまで、どんな観点で大学を選ぶべきか、大学ではどのようなことを学べばいいかを述べてきた。

しかし、大学までの期間というのは社会に出ていくための準備期間であり、本当の勝負は社会に出てからである。

どの大学に入るかにこだわるより、「社会に出てから、どんな人になるか」のほうがずっと大事なのだ。

ところで、今の若い人というのはかなり自分に自信がないようだ。

２０１８年の国立青少年教育振興機構が実施した調査によると、「私は価値のある人間だと思う」と答えた日本の高校生の割合は、44・９%しかいないという。ちなみに、アメリカでは83・８%、中国は80・２%、韓国は83・７%だ。

日本では半数近くの高校生が「自分は価値のない人間」と感じているというのだから、なんとも心配になってしまう。

しかし「価値」とはいったい何だろうか。日本の場合、一流大学に行ける人や大企業に入れる人が価値のある人間と評価されることが多いために、多くの高校生が自分には価値がないと感じてしまうのではないか。

だが価値のある人間というのは、本来は社会に出て活躍し、世の中をより良くしていける人のはずである。これまで自分が学んできたことを活かして、人や社会のために役立てる人間のはずだ。

高校生や大学生はまだ社会に出ていないのだから、今から「自分は価値のない人間だ」などと悲観的にならず、「自分はこれから社会で活躍する人になるのだ」という気概と自信を持って前向きに励んでほしい。

では、どんな人が社会で活躍できるのか。

学生たちからもよくそうした質問をされるが、本章ではそのことについて述べてみたい。

けっして自分を卑下するな

社会で活躍したいと考えている皆さんにまずお伝えしたいのは、自分を卑下してはいけないということである。先ほどの調査のように日本の学生には自分を過小評価している人が非常に多いが、自分はだめな人間だなどと考えていたら、自分の潜在能力を自分でつぶすことになってしまう。絶対に自分を卑下してはいけない。

ただ、日本には謙虚な性格の持ち主も多い。また親も謙遜して、人前で自分の子どもを卑下する傾向がある。

たとえば「お宅の息子さんは東大に入られたんですか。すごいですね」と言われようものなら、「いやあ、たまたまですよ。運が良かったんです」などと言う。家のなかでは子どもに「勉強しろ」「勉強しろ」と、ことあるごとに言っているのに、外ではそんなふうに振る舞うのである。

しかし、他の国では子どものことをそのように話す親はあまり見たことがない。特に欧米では、あなたのお子さんはどんな子どもかと聞かれると、「うちの息子はよく勉強する。科学が大好きなんだ」とか、「うちの娘はユーモアのセンスがある。何より、ジョークがものすごく上手なんだ」などと誇らしげに話す親が多い。

さらに人格を持つ一人の人間として子どもを認めているため、子どもが自分で選んだ道なら、それがどのような道でも親が自分の意見を押し付けることは少ない。子ども自身の選択を認め、「では、そこで成功できるように頑張れ」と励ますのである。

一方、日本では子どもが親の期待に沿わなければ、「お前が東大に入ってくれるのがお父さんの夢だったのに……」などとガッカリされてしまうことも多い。親からそんなふうに言われて自信を失くし、そのまま引きこもりになってしまう人もいる。

引きこもりまでいかずとも、若い人と話していると自分を過小評価している人が実に多いと感じる。傍目《はため》には10点中8点か9点くらいの実力はあるのに、自分では2点とか3点だと思っているような人が多いのだ。

社員や学生が、ずいぶん自分を過小評価しているなと感じたときには、私は彼らにこんなふうに話している。

「君はさっき自分のことを3点だと言っていたな。しかし君の話を聞いていたら、8点くらいの力はあると思うぞ。だから頑張らなきゃだめだ。ここで頑張れば、8点が10点になるんだから」

こういって励ますのだが、自分を過小評価している人というのは何かのきっかけで自信をつけると、みるみる成長していくことも多い。もともと優秀なのに、自分でだめだと思い込んでいて一歩を踏み出せないだけなのだ。その背を押し、一歩を踏み出させて自信をつけさせることが重要だ。

だから、いつも自分に自信がないという人は、意識して自分の自信を高めるための行動をとればいいのである。

それは、前にも触れたように、何でもいいから必死になって一番になる経験をすることだ。「一番になること」が自信を大きくしてくれるのである。

私も会社をつくって「社長」になったら、どんどん自信が出てきた。さらに従業員が3人から4人になり、5人になり、10人になったら、ますます自信が増していった。またプレハブの小屋だった工場が小さくともしっかりした建物の工場になるなど、会社が大きくなるにつれ、自信だけでなく士気も高まっていった。

とはいえ、最初の頃はあえて自分に自信をつけるために大風呂敷を広げていたところがある。

たとえば、工場は小さいのに看板だけは大きく立派なものにしたり、名刺の裏にたくさんの支店名を書いたりもした。支店といっても、実際はそれぞれ担当者が一人いるだけの小さな営業所だったが、「○○支店」の住所と電話番号、FAX番号をずらりと並べて名刺の裏側を真っ黒にし、いかにもたくさんの支店を持つ立派な会社に見えるようにしていた時期もある。営業先に大見得を切っていたということもあるが、実は自分自身を奮い立たせるためでもあった。

「できる」「できる」と100回唱える

ともかく人間というものは「自分なんてだめだ」とか「自分にはできない」と思い込んでいたら潜在能力など絶対に出てこないが、「自分は大丈夫」「自分にはできる」と思えたら、途轍《とてつ》もない力が湧いてくるのである。

こんなこともあった。

創業当時、国内の企業には相手にされず、私自らがアメリカに行って片っ端から現地企業の門を叩いた話はすでに書いた。

そのとき、ようやく面会してくれることになったのが、スリーエム（3M）という大会社の技術部長である。

スリーエムの技術部長に会わせてもらった私は、鞄《かばん》のなかからモーターの試作品を取り出し、こんなモーターをつくっている会社であるということを懸命に説明した。当時から自分たちの技術力には自信があったので、とにかく一度でいいから仕事をやらせてほしい、何でもいいから発注してほしいと頼むと、先方からこんな相談を受けた。

「実はカセットテープの駆動用モーターが大きくて困っています。今のものより半分の大きさで、同じパワーのモーターはつくれますか？」

そんなモーターができたら、注文は全部お宅に出す、というのだ。

意気揚々と「We can do it!」などと答えて帰国したまでは良かったが、これは大変な無理難題だった。

会社にいた3人と頭を突き合わせて「どうすれば半分にできるか」と知恵を出し合うものの、なかなかいいアイデアが出てこない。ついに皆が「とうてい無理だ」と首を振ったとき、私はこう言った。

「今から『できる、できる』と皆で100回言おう」

そして、不服そうな3人と一緒に「できる」「できる」「できる」と繰り返した。

100回くらい言ったとき、「どうだ、少しはできると思えるようになったか？」と聞くと、3人は沈痛な顔つきで「全然なりません」と答える。

「じゃ、もう100回だ」

これを繰り返していったが、500回を超えた辺りから、何となく前向きな空気が漂ってきたのだから不思議なものである。1000回ほど唱えたとき、ついに「社長、何かできる気分になってきました！」という声が出た。

その勢いのまま、昼夜問わず試作品づくりに励んだ。

結局、先方が望んだ半分の大きさにはならなかったが、技術的には画期的なレベルと言える30％ほど小さいサイズになった。

そこで再びアメリカに渡り、スリーエムの技術部長に「申し訳ありません。半分にできると言ったけれど、30％しか小さくなりませんでした」と謝りながらモーターを見せると、「うわ、こんなに小さくできたのか！　素晴らしい」と、びっくりしているではないか。

聞くと、我が社の他にも7社に発注していたが他社はすべて不可能だと断ってきたという。

そしてその場で大量注文をくれたのだ。これが創業以来、最大の注文につながった。この後、こうした特殊なモーターの注文が大量に入るようになって会社の売り上げは大きく伸びていった。また、他社が二の足を踏むような難しい製品を次々と世に送り出していったのである。

最初から「できない」と言って諦めていたら、会社は今のように発展していなかったはずだ。

大学経営を始めるときも、「大学というのは会社経営とは違いますよ。ややこしいんです」と言われたが、「ややこしいから面白いんだ」と思った。

私はそういうときも必ず「できる」から入る。そして、「どうしたらできるか」と考えるので、アイデアもどんどん浮かんでくるのだ。結果としてできなくても、その過程でとんでもない技術を身につけられることもある。

読者諸君も、まずは自分を信じることから始めてほしい。「できる」と自分を信じて一心に打ち込むことから、本当の挑戦が始まるのである。

「知的ハードワーキング」の勧め

とはいえ、勉強も努力もしない人が自分を信じるだけでは、社会に出てから成功する確率は低い。

どんな一流大学に入ろうとも、怠けていれば成果は出ない。どこに行ってもやはり努力というものは必要である。

「人の倍働いて、成功しないことはない」というのが、私の母の教えだった。

1973年に私が28歳で会社をつくると決めたとき、母には「そんな危ないことはやめてくれ」と止められたのだが、最後には「人の倍は働く」という条件付きで認めてもらった。

そもそも母自身、相当な働き者で、私の幼い頃は朝早くから真夜中まで働いており、母が眠っている姿を見たことがないほどだった。母は人の倍働くことで貯金をコツコツ貯め、売りに出ていた田畑を買い取って小作農家から自作農に家を発展させた。そうした姿を間近で見ていたことで、人間は一生懸命働いたら必ず成功するということを教えてもらったように思う。

私も、母との約束を根底に、人の倍働くことでさまざまな危機を乗り切ってきた。

特に会社を創業した頃は人手も少なく、モノもカネもなかった。まだ実績や信用も薄い。そんな状態の我が社がライバルに勝てるものはないかと考えているとき、私は「時間」だけは平等に与えられていることに気がついた。

どんな企業にも「1日24時間」は平等に与えられている。それなら、ウチの会社は他の会社の2倍働いたらいい。納期を他社の半分にすれば、注文も来るはずだ。

また納期を半分にすれば、仮にうまくいかなかったときにもやり直しができるというメリットもある。

たとえば他社と競合になった際には、他社が2ヶ月かけるところを半分の1ヶ月で製品をつくれば、うまくいかなくても残りの1ヶ月でもう一度やらせてほしいと頼むことができる。また、新開発の製品はまず一回で完成ということはない。他社より早い納期で提出しておけば、発注先はたいてい「ここをもっとこうしてほしい」などと要望を出してくれる。そうした反応を見ながら修正を重ねていけば、より完成度の高い製品を納めることができるのだ。


このようにして、私たちもがむしゃらに働いてきたのだが、ハードワークというのは成功のための必須条件である。

たとえばノーベル賞を受賞した研究者たちが研究にどのくらいの時間を費やしている

かを調査したところ、他の人の2倍の研究をしていることが明らかになった。

そういえば、ノーベル生理学・医学賞を受賞した山中伸弥《やまなかしんや》・京都大学教授のモットーも「ヴィジョン」と「ハードワーク」だという。

この世の中では、ひょっとしたら国も他人も、人を裏切ることがあるかもしれないが、努力だけは絶対にその人を裏切らないのである。私はいろいろな方とお会いしてきたが、結局、努力した人が最後まで勝ち残っている。

特に各界で成功している人たちというのは、常人には信じがたい努力をしているものだ。元プロ野球選手の長嶋茂雄《ながしましげお》さんや王貞治《おうさだはる》さんは天才と言われたが、彼らは練習量も並外れていた。たとえば、若い頃の王さんは、夜、酒を飲んでいてもある時刻でぴたりとやめて、夜10時には打撃コーチの家に赴き、素振りを繰り返したそうである。

諸君は、今まで必死で何かに打ち込んできただろうか。あるいは今、何かに励んでいるだろうか。

していないという人は、今からでも遅くはない。ぜひ打ち込めるものを探して、懸命に取り組んでみてほしい。「必死で何かを頑張る」という経験が、君を大きく成長させてくれるはずである。

考えてみれば、実業の世界でも成功している経営者は皆ハードワーカーである。京セラを創業した稲盛和夫さんは「誰にも負けない努力をする」とよく語っておられたが、初めてお会いしたのは日本電産を創業して10年くらい経った頃だった。お付き合いのある銀行の常務の方が、「一度お会いしておいたほうがいい」と会食の席を設けてくださったのだ。当時の京セラは創業20年を超えて大いに躍進していた時期で、稲盛さんも猛烈に働いておられた。

会食が終わったのは、夜の10時頃だったと思う。私はそこから会社に戻って仕事をするつもりだったが、稲盛さんもまた会社に戻られると聞いて「やはりこの人は並大抵の人ではない」と感心した。大企業のトップになっても遅い時間まで働いていることに驚いたのだ。

ただし、前に書いたように現在の仕事環境ではハードワークの「量」よりも「中身」が問われる時代になっている。

以前のように働く時間を重視するのではなく、成果を重視するようになった。

そのため肉体ではなく、頭脳をフル活用して生産性を上げる「知的ハードワーキング」が求められている。限られた時間のなかで、できる限り頭を使って効率的に成果をあげる方法を考えることが必要なのだと思う。

社会人に必要な3つのP

このように自信を持って努力を続けることが大事だが、その他にもこれからの人材に求められるものがある。

それは以下の3つの「P」である。

まず、「プロアクティブ（Proactive）」。

人からの指示を待つのではなく、自分で考えて積極的に行動できることだ。進んで自分の意見を出すことや人に言われる前に動くことも大切だ。

2つ目に、「プロフェッショナル（Professional）」。

自分の専門性をはっきりさせ、さらに磨いていくことである。

大学では自分の専門分野をきっちり学び、社会に出た後は少なくとも35歳頃までには自分の進む道、つまり方向性をはっきりさせたほうがいいだろう。自分の専門性を定めないうちに転職すると、転職先でうまくいかず、失敗する可能性も高くなってしまう。

さらに、「プロダクティブ（Productive）」。

生産性の高い仕事ができること。ドイツの例を出したが、今は生産性も意識して効率的に動く必要がある。

これからは日本でもさらにグローバル化が進み、ＡＩも進歩していくはずだが、そうしたビジネス環境では、この３つのＰが必須になるはずだ。

なかでも特に大事なのは、プロアクティブな人材になることである。

日本ではなかなかプロアクティブになれない人も多いようだが、グローバル化が進んだ今は世界が相手である以上、自分から積極的に動いていかなければ、競争の激しい環境では生き残っていけない。

よく口癖のように「社会が悪い」「親が悪い」という人がいるが、自分の努力で道を開くという気概と独立心を持つことが大事である。

読者の皆さんも、これからの実力主義の時代に備え、ぜひ3つのPを日頃から意識していただきたい。

風変わりな採用試験の理由

この3つのPがある人は優秀だが、最初から3つとも揃っている人というのはそれほど多くない。

しかし、その「素質」を持っている人はたくさんいる。

前に触れたように、日本電産ではIQよりもEQの高い人材を見つけ、それぞれの年次や階層に合わせて、さまざまな研修制度をつくって育て上げてきた。

技術者向けにはモーターカレッジをつくって工学系の基礎研修や実習などを行ない、リーダーに対してはグローバル経営大学校で次世代の幹部を育成している。

そのほかにも語学教育などたくさんの研修制度を用意しているが、まずは素質を持つ人を見つけ出すことが大事だ。

そのため、我が社では過去にさまざまな採用試験を行なってきた。

特に創業時、会社がまだ小さかった頃は普通の採用試験をしているだけでは、偏差値の高い大学やいわゆる一流大学の学生が応募してくることは少なかった。

そこで、何とか優秀な人材を集めたいと考えていた私は、過去の会社員生活のなかで仕事ができると感じた人の特徴や個性について思い返してみた。

すると、いくつかの共通項があることに気づいた。まず声が大きいことである。さらに食事が早いこと。もう一つは出勤時間が早いこと。

そこで、これらを採用基準に取り入れてみることにした。

まずは「大声試験」。一つの文章を学生たちに順に読んでもらい、声の大きな人を採用するのだが、単に声が大きいだけではだめで、堂々と自信を持って読めているかもチェックした。また社内で電話をかけてもらい、言葉づかいや話し方、態度などを採否のポイントにしたこともある。

次に、「早飯試験」。応募してきた人を面接である程度絞った後、何も知らせずに用意した弁当を食べてもらう。弁当屋には普段より硬くご飯を炊いてもらい、しっかり嚙《か》まないと飲み込めないおかずを用意してもらった。そして想定した時間内に食べ終わった人だけを採用したのだ。

また、試験会場に早く到着した人から順に採用した年もあった。

当時これらの風変わりな試験に対しては社内外から批判も出たが、結果をみればこうした試験で採用した社員たちは、現在は我がグループの屋台骨を支える優秀な人材になっている。特に早飯試験に関しては無謀だという人もいたが、実はもっとも成功した採用方法だったと確信している。

というのも、早飯試験の順位と入社してからの仕事の成績を比べてみると、ものの見事に比例していたのだ。早飯の人間はその後の仕事の成績が良かった。

しかし、私はそれも当然ではないかと思う。早く食事ができる人は行動が早く、負けず嫌いの人が多い。行動が早いということは物事を処理するスピードも早いということだ。仕事が早い人は周囲から評価される。そして、ますますやる気を出して成果をあげるのだ。

また、声の大きな人間もリーダーシップを発揮して人をぐいぐい引っ張っていく力がある。声の大きさは自信の表れでもある。

会社に早く来る者も、それだけ士気が高いということだ。

もちろん経理部門などは間違いや漏れのない仕事をしなければいけないため、行動が早ければいいということはない。また、研究開発の分野では高度な専門知識を必要とするため、学業成績を軽視することはできない。

そのため、どの部門も画一的に採用を決めていたわけではないが、営業部門などはレスポンスが速く、自信を持って行動できる人が求められるのである。

ちなみに、こうした試験は何とか良い人材を集めようとして試行錯誤を繰り返していた創業時に行なっていたもので、今ではこうした採用試験は行なっていない。

ただし今でも大学名だけにとらわれず、ＥＱの高い人材を見つけるための採用試験は続けているのである。

とんがり人材を目指せ

こうした型破りな試験で合格した人たちには、その後も活躍している人が多いが、結局は自分の個性や強みを伸ばせるかどうかが大事ということだ。

そういえば、過去にはスポーツシャツを着て面接に来た学生もいた。

その学生になぜその服を着てきたのかと聞くと、「これが自分に一番似合っている服だと考えたからです」と堂々と答えた。

また、「リクルートスーツを着ていたら合格にするけれど、この服を着ていたという理由で不合格にするような会社であれば、自分の個性も受け入れられないと思うので、自分は選びません」と言うので、どの会社も受け入れてくれなかったらどうするのかと聞くと、「道路工事でも何でもやります」と答える。

この学生は英語力にも優れていたが、おそらくほかの会社ではその服装だけで不合格にされていたのではないか。

私は個性的で面白い人物だと思い、採用した。これだけ自分の個性に自信を持ち、堂々と自分の主張を語れるのは素晴らしいことである。果たして、入社して仕事をさせてみると大変優秀で、その後は部長として大いに活躍してくれた。

昨今は面接試験の想定問答集を読んで、そのまま暗記してくるような学生も多いが、こうした学生は面接をしていても個性が伝わってこない。面接でもマニュアルに沿っているようでは、実際の現場では自分で判断できず、困ってしまうはずだ。

先ほどの面接についても、では皆が面接にスポーツシャツや変わった服を着てくればいいのかといえば、それはもちろん違う。自分の個性はどんなものかと考え、それをアピールするためには何が必要かと考えることが重要だ。

このように型にはまらず、自ら考えて行動できるような人を私は「とんがり人材」と呼んでいるが、これからの時代にはこうした人こそ必要なのである。

どんな人でも何かしら強みを発揮できる分野はあるはずだが、何から何まで完璧にこなせるという人は少ない。だからこそ、自分はどんなことで強みを活かせるかを探し、それを極めていく必要があるのだ。そこで成功体験を重ねれば、確固とした自信へとつながっていくはずである。

自分の個性や強みは何かを考え、それを伸ばしていく。そして、それを十分に発揮できる道を選ぶことが大事なのである。

世界で戦うために、数字に強くなれ

第2章ではお金について学ぶことの大切さについて触れたが、社会に出て成功したいのであれば、経理や財務を学び、さらに数字に強くなることをお勧めする。たとえば、新規の事業を始める際も漠然とした計画では通らない。いくら良い製品ができそうでも、数字の裏付けがなければ上司を説得できないし、金融機関からの融資も出ないのである。

前に触れたように、私は16歳から株を始めたことで日本経済新聞を読むようになり、バランスシートの読み方なども学んだ。

会社をつくるときには経理の人間を雇う余裕がなかったため、会社を辞める前に自分で経理の専門学校に1年間通って経理や財務を学んでいた。そこで経理や財務の面白さを知ったが、今でも財務に強いことが私の強みになっている。

今も毎期の決算発表は必ず自分で行ない、経営の現状や今後の方向性、リスクなどを説明する。社員や株主、投資家などと向き合うときには、なるべく具体的な数字を挙げて、将来のイメージを提示するように心がけている。

会社が成長していくためには高い技術力と明確なヴィジョン、それを実現するためのハードワークなどが必要なのは当然だが、財務戦略も欠かせないのである。

しかし、日本の技術者には「お金のことを考えるのはヤボ」といった感覚を持つ人が多い。実際、お金に疎い人も多く、一流の大学院を卒業し博士号を持つ人でも数字の裏付けを出せないような人もいる。

だが、技術のわかる経営者が少ないことも、日本の企業経営が弱体化している理由の一つではないかと思う。

たとえばアメリカの企業には、Appleのスティーブ・ジョブズやMicrosoftのビル・ゲイツ、Googleのラリー・ペイジなどのように、技術のわかる経営者やエンジニア出身の経営者が多い。また、10年ほど企業に勤めた技術者がビジネススクールに通ってMBA（経営学修士）を取得し、40代頃から経営の世界に参入するケースもよく見られる。

一方、日本では経営者は経済学部や法学部、商学部などの出身者が多いが、今後はますますIT化や技術革新が進む。そうした学部の出身者も技術についての知識や理解は必須となる。逆に技術系の人も経営や財務について学んでおいたほうがいい。

また、日本は今でも技術力では世界に負けていないと言う人もいるが、ビジネスで負けてしまったら意味がない。社会全体としても、技術者やエンジニア出身の経営者を増やす必要がある。

そう考えた私は、2022年から経営者を育成する京都先端科学大学のビジネススクールを開設した。

本当の意味で経営ができる人材を育てるため、グローバル経営やデジタルトランスフォーメーション（DX：デジタル技術による生活やビジネスの変革）、M&Aなど幅広い分野を学べるスクールをつくったのである。

私自身が教壇に立つほか、産業界で大成功している経営者も教壇に立ってくれる予定だ。

繰り返すが、これからは理科系、技術系の人間も経営を理解する必要があるし、文科系の人間も技術や数字を理解する必要がある。大学で取得する科目も、そういった視点で選ぶといいだろう。そして、欧米では就職後にビジネススクールに入って再び学ぶ人も多い。グローバルに活躍したいと思っている人は、そういったことも視野に入れておくべきだろう。

苦労を乗り越えられるのは夢があるから

さて、この章の最後に、私は夢を持つことの大切さを伝えたいと思う。

日本電産が小さな会社からスタートしたことは前に触れたが、創業時はどの会社からも注文がとれず、トラックに試作品のモーターを積んで東京に売りに行くこともしばしばだった。二人で2時間ずつ仮眠しながら、京都から東京まで運転するのである。

若く体力があったということもあるが、当時はそうしたこともまったく苦しいと感じなかった。真っ暗な夜道を運転しながら、「そのうち俺たちの会社はこうなるぞ」「いや、もっとだ、もっと大きくなる」などと夢を語り合っていたからだ。

どんなに長く運転しても、将来の夢を語り合っていると元気が出てきた。また、当時は今よりずっと長時間働いていたが、毎日夢中になって開発に取り組んでいたので、苦難を感じる暇もなかった。

夢があれば苦しいことも乗り越えられるし、夢を語るだけで楽しいのである。そして、その夢を実現したら、もっと楽しい。

ぜひ、そういう人生を君たちにも送ってもらいたいと思っている。

しかし、今の日本には夢を語る人は少ない。

日本全体に安定志向の傾向が強く、一流大学を出ても大企業に入って会社員になる人が多い。もちろんその企業のなかで活躍していければいいが、大きな組織のなかで野心のある人は上からつぶされてしまうことも多い。そのうち、強い「狼《おおかみ》」タイプの人間も「羊」になってしまい、すっかりやる気を失ってしまうこともある。

私は、日本が長い間閉塞感に陥り世界から出遅れてしまっているのは、世界で活躍できる人や、野心のある強いリーダーが育っていないからではないかと思う。

以前、「京都市ベンチャー企業目利き委員会」の委員長を務めていたときには50代や60代の方の応募が多く、若い世代が少ないことを残念に思っていた。

産業界を引っ張っていくような次世代の若い起業家がたくさん出てくれば、日本社会ももっと活性化していくはずだ。


一方、今のアメリカがなぜこれほど発展しているのかといえば、優秀な若い人たちが起業家となって次々に新しい会社をつくっているからである。アメリカの有名大学は日本とは逆で、上位にいる学生たちがベンチャー企業を興し、それ以下の学生は大企業に就職している。


そういえば、アメリカの起業家精神を物語る、こんなエピソードがある。

ＤＤＩ（現・ＫＤＤＩ）やイー・アクセス（ワイモバイル株式会社などを経て、現在はソフトバンク株式会社）などを創業した起業家に、千本倖生《せんもとさちお》さんという方がいる（現在は株式会社レノバ取締役会長）。

千本さんは電電公社（NTTの前身）に勤めているとき、フルブライト奨学生としてアメリカのフロリダ大学へ留学し、電子工学を学んだ。

千本さんは、学生寮で一緒になったアメリカ人学生に日本での仕事について聞かれたとき、胸を張って「電電公社で働いている。政府が100％出資している通信独占企業だ」と答えたそうだ。

さらに帰国した後はどうするのかと聞かれて、「帰った後も電電公社で働く」と答えると、普段は穏やかだったアメリカ人学生がいきなり「Damn！（くそったれ！）」と口汚く罵《ののし》ったのだという。

なぜアメリカ人学生は千本さんを罵ったのか。

それは、わざわざアメリカに学びに来たのに、チャレンジしようとしない姿に呆《あき》れたからではないかと千本さんは述べていた。安定した国営企業で働いて胸を張っているような奴《やつ》は「くそったれ」で、学ぶ資格はないと言いたかったのだろう、と。

千本さんはその学生の激しい反応を受けて、それまで持っていた価値観が大きく揺らいだという。

その後、彼は電電公社を辞め、京セラの稲盛和夫さんの協力を得て、新しい通信事業会社のＤＤＩをつくった。

当時、国営企業だった電電公社を辞めるということは、安定した職を捨てるにも等しい。そんな無謀な挑戦は考えられないと多くの人に言われたそうだが、アメリカでの出会いが千本さんのベンチャー精神に火をつけたのだ。

千本さんのエピソードは昔の話ではある。

しかし、今の日本の若者にも通じるところがないだろうか。良い大学を出ても、寄らば大樹とばかりに、官公庁や大きな会社、つぶれそうにない会社を選ぶ人が多いのではないか。

しかし、それは必ずしも世界の常識ではない。少なくともアメリカの常識ではないわけだ。進路を考える際は、一度常識を疑ってみるといいだろう。特に、親が望んでいる進路がある場合は、それが本当に自分に合っているかどうか、よく考えたほうがいい。

自分だけの夢を持とう

私の若いときは多くの人が「末は総理大臣か、大会社の社長か」と言いながら、出世したい、成功したいという思いで一生懸命働いていた。

しかし、今はそういう人が実に少ない。「仕事も出世もほどほどでいい」という人が大半ではないだろうか。逆に言えば出世や成功を強く願うようなライバルが少ない今こそ、頑張ればチャンスがあるということである。

またインターネット技術が進み、グローバル化が進んだ現在は、私の若い頃に比べて起業するチャンスも大きく広がっている。

私も、大学では学生に向けてことあるごとに自分が起業したときの話などをしたり、起業したことで人生がどれほど素晴らしいものになったかを伝えたりしている。

最近では、うれしいことに起業に興味を持つ学生たちも増えてきたため、その夢を聞いたり、相談に乗ったり、良いものであれば応援したりしている。

たとえば、父親が小さな町工場をしているという学生はその仕事を継ぐかどうかで悩んでいた。

5、6人の従業員しかいない小さな工場だが、継いだら大変そうだから、会社勤めをしたほうが楽ではないかとも考えていると言う。

しかし、その父親は工場を建て、従業員を5人に増やすまでが大変だったはずだ。創業の苦しいときを乗り越えて今も営業しているということは、すでに一定の地盤を持っているということだ。考えようによっては、さらに拡大していけるはずである。

まずは、工場を経営している親が今どんなことに苦労しているのか、どこに課題があるのかを知って、親の仕事を手伝ってみたらいいというアドバイスをした。

父親が複数の店舗を運営しているチェーン店を継ぐかどうか迷っていた学生も、私の勧めで親の事業の手伝いを始め、1軒任せてもらえることになったと言う。

喜んだのはその父親のほうである。子どもが自分の仕事を継いでくれる、俄然《がぜん》やる気になっている、と大喜びだという。

そういう若い人に対して、今は個人経営の難しい時代だから、実家の商売は畳んで就職したほうがいいと勧めた人もいたようだが、私は必ずしもそうとは言えないと思う。

今はインターネットを使えば全国に販売することができるため、販路を拡大していける可能性も高い。日本にいながら海外と取引をすることもできる。

もちろん何から何までうまくいくとは言わないが、やり方によってはいろいろな方法があるはずだ。


最初は小さなスタートでも、自分の夢を持って追いかけている人というのは、実にいきいきしている。

ある若者は長野県の旅館で10年間、料理の修業をした後、その近くに小さなフランス料理の店を出した。親には猛反対されたそうだが、自分がコツコツ貯めてきた貯金で、ささやかな店を出したのだ。

今はまだ小さな店だが、手頃な値段で美味しいフランスの家庭料理が食べられるため大繁盛しており、売り上げもどんどん上がってきているそうだ。いずれは、もっと大きな町で大きな店を開きたいという目標を持って頑張っていると言う。

また従業員50人ほどの町工場の社長は、「うちの会社は日本電産のような大会社ではないが、ここまで自分でやってきた。自分は成功者だと思っている」と誇らしげに胸を張った。

自分でビジネスを起こすということは、頑張れば頑張った分、やりがいも自信も大きくなるということだ。事業規模が大きくなっていけば社員も入ってきて苦労も責任も増えていくが、同時に事業としての価値も上がっていく。

また、我が社では赤字会社を買収したときには人員整理を行なわずに立て直しをしてきたが、それはそこで働く1000人、2000人もの従業員たちとその家族の生活を助けるということである。

たとえばある企業では「私が必ず立て直してみせる。皆で一緒に頑張ろう」という私の言葉によって、いつ路頭に迷うかと悲愴《ひそう》な顔をして俯《うつむ》いていた従業員たちが一様にパッと顔をあげ、明るい表情を取り戻した。

そして、業績が回復すればするほど従業員たちの表情は輝きを増していき、会社全体がそれまで以上に活気を取り戻した。

こうした従業員たちの姿を見て我が身に湧き上がってくるのは、何ものにも代えられない喜びである。

私は小さくてもいいから自分で起業して会社を興すことを多くの若者に勧めているが、起業でなくてもいい。また、夢に大きい、小さいは関係ない。どんな夢でもいいから、自分だけの夢を持ち、それに向かって充実した毎日を送ってほしいと願っている。

夢を実現するには有言実行

では、どうしたら夢を実現できるのだろうか。

夢を叶えるためには夢を心に秘めるのではなく、有言実行が大事である。

私は、いつも将来について「ホラ」「夢」「目標」の3段階で語っている。「ホラ」というのは人に言ったら笑われるようなレベルの話で実現不可能に思える将来像のことだ。ホラにも「大ボラ」「中ボラ」「小ボラ」といろいろ段階がある。最初は「大ボラ」でも近づけば、「中ボラ」「小ボラ」になり、もう少し現実味が出てきたら、それは「夢」となる。

さらに、必ず達成するはずだという具体的な段階まできたら、「目標」になる。

私は会社に勤めているときから、周囲に「いつか大きな会社をつくる」と堂々と宣言して、少々煙たがられていた。

そして自宅の納屋を改造して日本電産を創業した後は、「世界一のモーターメーカーになる」「売上高1兆円を目指す」と言い続けてきた。

この段階ではまだ大ボラに過ぎなかったが、周囲に言うことによって自分にも覚悟が生まれ、それを実現するためにはどうしたらいいかと具体的に考えるようになる。

そして懸命に努力を重ねていくにつれ、大ボラは中ボラになり、小ボラになり、実現可能な夢に変わっていったのだ。


夢を語るということで思い出すのは、オムロン（当時は立石《たていし》電機）の創業者である立石一真《かずま》さんである。

私が会社を創業したばかりで資金調達に苦労していた頃、立石さんは京都で立石電機を経営する傍ら、創業間もない企業を支援する日本初の民間ベンチャーキャピタルのトップも務めていた。そこに出資してくれるようお願いしに行くと、そのトップの立石さん直々に「工場を見に行きたい」と言っているという。

しかし前に触れたように、工場と言えないほどの小さな工場である。こんな工場を見られたら出資を断られてしまうのではないかと気が気でない私は、立石さんを案内しながら、必死でこう訴えていた。

「夢だけは大きいんです。必死で頑張りますから、ぜひ投資をお願いします」

それに対して、立石さんはにこやかな表情で「いやいや、立派なものですよ。我が社が創業した頃はもっとみすぼらしい工場でした」と言いながら激励してくれたのである。その1ヶ月後には、ベンチャーキャピタルからの出資が決まり、京都新聞で大きく報道された。それによって、金融機関に「日本電産」という名が知られるようになったのである。

あのちっぽけな工場を目にしながら、私の夢を信じてくれた立石さんには感謝してもしきれない。尊敬する経営者からの言葉は、大きな励ましとなって私の背を強く押してくれたのだった。

そういえば、優れた経営者には大きな夢を語る人が多い。

ファーストリテイリング会長兼社長の柳井《やない》正《ただし》さんやソフトバンクグループ会長兼社長

の孫正義《そんまさよし》さんとは、盟友であると同時にライバルでもあるが、彼らは常に高い経営目標を掲げ、ときには大風呂敷を広げることもある。

そのため、私を含めて「大ボラ三兄弟」と呼ばれている。

夢を語り、その夢を形にするのが経営者の仕事である。

リーダーこそ、会社が大きくなっていくにつれ、高い理想や夢を追求していかなければいけないと考えている。

ぜひ皆さんも夢を語り、その夢を実現させてほしい。

第5章

変化の時代をどう生きるか

――AI時代の生き方

脱皮しないヘビは死ぬ

最後の章では、これからの時代の生き方について考えてみたい。少し漠然とした話になるが、これからどう生きていったらいいのかということである。

今、世界は大きな変化の時代を迎えている。

新型コロナウイルスの感染拡大はもちろん、人口増加による世界的な資源不足が懸念される一方で、日本などの先進国では少子高齢化が問題視されている。

そして、これからは「VUCA《ブーカ》」の時代だという。

VUCAというのは「Volatility：変動性」、「Uncertainty：不確実性」、「Complexity：複雑性」、「Ambiguity：曖昧性」の頭文字からつくられた言葉だが、目まぐるしく環境が変化し、将来の予測が難しい時代がやって来るということだ。

最近では、企業と人の関わり方も大きく変化している。

これまで日本社会を支えていた終身雇用や年功序列などの制度は見直されるようになり、「大企業や有名企業に入ったから安泰」というセオリーはもはや崩れ去っている。むしろ大企業だからこそ、大幅なリストラが行なわれることもあるだろう。

またテクノロジーも日々進化しており、我々の生活も大きく変わってきている。今後はますます進む技術革新によって、各業界の大変革も起こるはずだ。

特に自動車業界では、100年に一度の大変革がやって来るといわれている。日本電産は電気自動車（EV）化の「波」を見据えて車載事業の強化を進めているが、それは波が来てから乗っているようでは遅い、と考えているからだ。

波が来る前に、変化に先行して自らが変革していかなければ、あっという間に時代に置いていかれてしまうだろう。

「脱皮しないヘビは死ぬ」ということわざがあるが、常に変化の先読みをして脱皮していくことが大事なのである。

変化の時代に生き残っていけるのはもっとも強い者でも、賢い者でもなく、変化に対応できる者だけなのだ。

ＡＩ時代に生き残る人材とは

特に、今後の社会に大きな影響を及ぼすことが予想されるのが、ＡＩの進化である。

このままＡＩやロボットが進化していけば、これまで機械化や自動化が難しいと思われていた業務も行なえるようになる。

そして、野村総合研究所等が実施した共同研究によれば、10～20年後には日本の労働人口の約49％の人が就いている職業でＡＩが代わりに行なうようになるという。

職種によっては、人間のやっていた仕事がＡＩに取って代わられるわけだ。

たとえば、１ヶ月３万円程度のリース料で働いてくれる配膳ロボットが話題になったことがある。

このロボットを使えば、レストランのホールスタッフ一人の１ヶ月あたりの平均給与約33万円のうち、メンテナンス料を差し引いても29万円ほど浮く計算だという。今後はこうしたニュースも増えていくと思うが、これから社会で働く君たちは「人間にしかできない仕事」を選ばなければならないということだ。

では、人間にしかできない仕事とはどんなものだろうか。

まず挙げられるのは、創造性が必要な仕事である。芸術や歴史、哲学、文学といった抽象的な概念の理解や知識が求められる仕事は、ＡＩには代替できないという。

また、決まったマニュアル通りにやれば誰でも同じような成果を出せる定型業務は、人間よりＡＩやロボットのほうがはるかに得意だ。反対に、特別な知識やスキル、経験が求められる非定型的な仕事はＡＩには難しい。

つまり、これからは専門性を持ったプロフェッショナルな人が求められるということだ。

多くの日本企業ではこれまで終身雇用制が前提にあったため、新卒一括採用で幅広い職種を経験させるゼネラリストを中心に採用してきた。しかし今後は、単なるゼネラリストではＡＩに取って代わられるリスクも高くなる。

まずは大学で専門分野に必死に取り組み、専門性を高めておくことが大切だ。ゼネラリストとして歩むつもりなら、リーダーとしての能力が欠かせない。自分自身で課題解決の道を探し出し、人前できちんと意見を言えて多くの人をまとめられるような人間力が必要だ。

さらに、他者との協調や共感、理解、説得、交渉、サービス精神などが求められる仕事も人間にしかできないという。

先ほどのホールスタッフも、人間らしい感性を活かしてお客様に求められる唯一無二の存在になればＡＩに取って代わられることはないはずだ。

創造性や協調性、リーダーシップ、その人にしかない特別な知識やスキル、経験。今後はこうしたものが求められるはずである。

ＡＩの進化する時代には、知能だけが優秀な人間よりも人間としての総合的な能力や感性が求められるようになるということだ。ますますＥＱの高い人が求められると言ってもいいだろう。

それから、私はＡＩ時代こそ、頑張って「一番」を目指すことを勧めたい。どの組織でも、そのなかで一番になるような人間ならＡＩに取って代わられることはないはずだからである。

明るい面に目を向けられる人が成功する

ところで、こうした未来の話になると必要以上にネガティブに捉える人がいる。「厳しい時代」だとか「不遇の時代」というマイナス面ばかり強調する論調や記事もよく見られる。

また、何をするにしても、「〜だから難しい」とか「こんな時代に夢を語っても無駄」というように、否定から入る人も多い。

私見だが、学歴の高い人やＩＱの高い人ほど「できない理屈」を見つけ出すのがうまく、早々に諦めてしまう傾向があるようだ。

世の中には、実はたくさんのアイデアやチャンスが転がっているのに、少しでも否定的な材料があると、すぐに無理だと思い込んで挑戦しない人が多いのである。

しかし、どんなときにも必ずどこかに明るい兆しはあるものだ。

これまで多くの経営者や起業家を見てきたが、成功する人と成功しない人の一番の違いは、物事の明るい面に目を向けるか、暗い面に目を向けるかということである。

成功する人というのはどんな状況でも前向きに夢を追い求め、明るい兆しを見つけ出す。それは、常に「できないこと」より「できること」に目を向けているからだ。

問題は「できるかどうか」ではなく、できるチャンスが来たときを見逃さず、しっかりつかめるかどうかなのである。

実は我が社が大きく成長できたのも、そんなチャンスをつかんだときだった。

前にも触れたように、創業当時は国内で家電用モーターを販売することを考えていたが、知名度の低い新参者は相手にされなかったため、頻繁にアメリカに出張しては売り込みをかけていた。

そんなとき、アメリカでパソコンの記録媒体として当時全盛だったフロッピーディスクに代わり、ハードディスクドライブ（ＨＤＤ）の開発が進んでいるという話を耳にした。「これだ」とピンときた。

というのも、フロッピーディスク用モーターには先行するライバル企業が多く競争が激しかったが、これから市場が立ち上がるＨＤＤ用モーターなら、我が社に勝算があると考えたからだ。

そこで、すぐにサンプルをつくり始めた。翌年にはできたサンプルを出荷して手応えをつかむと、当時の我が社にとっては無謀といえるほどの投資をして、その翌年の１９８０年には大量生産を始めた。そして、これをきっかけに会社の売り上げは大きく伸びていったのである。

「できるかどうか」で悩んでいるより、明るい兆しを見つけたらすぐにそのチャンスをつかむことが大事ということだ。

そのためには、いつも物事の明るい面に目を向けていることが大切だ。常に明るい言葉を使い続けていると、逆境のなかでも明るい兆しを見つけることができるものである。

変化を恐れていては前には進めない。変化の大きな時代こそ、チャンスに満ちた時代と考えて、前向きに捉えることが必要だ。

何もしないうちから「きっと無理だ」と否定から入り、自分で不可能と決めつけてしまったら、絶対に実現などできないのである。

境遇を言い訳にしてはいけない

チャンスをつかむためにはどんなに難しいと思われる局面でも絶対に諦めず、何か良い方法はないかを粘り強く考えてみることが大事だ。

もっとも良くないのは、今の自分の環境や境遇を「できないこと」の言い訳にして挑戦もしないことである。

たとえば、自分の生まれた家が貧しいことを気に病んでいる若い人がいた。

しかし家が貧しくて一流大学に行けなかったとしても、それで人生は終わりではない。貧乏人は生涯、貧乏なのかといえば、そんなことはないのである。

私の母は昔からよく「松下幸之助や本田宗一郎を見てみなさい」と言っていたが、後に大会社の経営者になった人には貧しいなかから出てきた人も多い。松下幸之助や本田宗一郎だけでなく、三菱財閥を創業した岩崎弥太郎《いわさきやたろう》も、非常に貧しい武士の家の生まれだ。

私自身、むしろ実家が貧しかったからこそ、今のような人生を送れたと思っている。小さな頃からお金で苦労していなければ、これほど必死で成功への道を歩もうとはしなかっただろう。

大学時代も遊びにはまったくお金を使わず、無駄遣いもせず、とにかく必死で工学の勉強をしていたのは「将来、絶対に起業して成功するぞ」といつも自分に言い聞かせていたからだ。

会社員になってからも残業手当だけで生活し、基本給とボーナスには手をつけずに開業資金として貯められたのは、お金の大切さがよく身に染みていたからである。

私の知る創業者たちも、似たような経験をしている人が多い。

というのも、苦しい境遇を過ごしてきて今は成功した人たちが食事の席で一緒になると、必ずと言っていいほど自分がどれだけ貧乏だったかという「貧乏自慢競争」が始まるからである。

そういうときの競争で必ず勝つのはソフトバンクグループの孫正義さんだ。勝つというのもおかしな表現だが、在日韓国人として生まれた彼の子ども時代の苦労話や貧乏話を聞いていると、とてもかなわないという気になる。

しかし、その孫さんも「若い頃の苦労は、必ず後の人生に生かされる」とよく話している。

皆さんも、貧しい家の出身だから自分はだめだとか、自分は不遇の人生だなどと思ってはいけない。若い頃の苦労は、後から大きな花を咲かせるのである。そして、早くこの境遇を抜け出すんだ、絶対に大きな成功を収めるんだ、と強く思える人だけが成功できるのだ。

特にこれからは、その人の人間性や総合的な能力が問われる時代になる。

大学がどこであろうと、家が貧しかろうと、必死で頑張った者が勝つ。

そのことをけっして忘れないでほしいのだ。

悔しさを闘争心に変えよう

考えてみれば、若いときというのは家や生まれ育ちのことなど、自分だけではどうにもできないこともある。それゆえ苦しい思いを抱えている人もいるかもしれない。

もし君に辛いことや苦しいことがあるなら、それに負けてはいけない。むしろそれを、自分を振るい立たせるための闘争心や反骨精神に変えたらいい。

私も自分の人生を振り返ると、闘争心を沸き上がらせてくれた人たちがいる。当時は腹立ちや悔しさ、反発心を感じていたが、今から思えば、その人たちがいたおかげで私は自分を奮い立たせ、辛いことを乗り越えていくことができた。

そういう意味では彼らは私の「恩人」とも言える。


そのうちの一人は、小学校のときの担任教師だった。

私がモーターの魅力に取り憑《つ》かれた話でも触れたが、この先生は生徒に対するえこひいきが激しかった。学校の先生の子どもや裕福な家の子どもは大事にされたが、私などはひどく冷遇されていた。

授業中に私が手を挙げて発言しようとしても無視し、昼には私が隠して食べていた質素な弁当をわざわざのぞきに来て嘲笑《あざわら》いながら、「おーい、こいつこんなもの食っとるぞ」

と皆の前で恥をかかせることもあった。

あまりに悔しかった私は猛勉強してテストでいい点をとっていたが、その先生は通知表には絶対に良い成績をつけてくれないのである。

友だちと学校から帰宅している途中、後ろから自転車に乗ってきたその先生が、友だちに「後ろに乗れ」と言って私には目もくれず、友だちだけを乗せて帰ってしまったこともある。その友だちの両親は学校の教師だった。

中学に入ってからも腹立たしいことがあった。中学の先生から言われて、成績表を小学校の担任の先生に見せることになったのだ。あの担任の家を訪ね、私が意気揚々とオール5の成績表を見せると、相手は馬鹿にしたようにこう言った。

「農家の息子が、そんなに勉強して何の役に立つのかね」

そのときの悔しさは今でも忘れられない。

私は「いつか絶対に、この先生を見返してやる」と固く心に誓った。そしてその担任教師の写真を部屋の壁に貼り、「今に見ていろ」「負けるものか」と何度もそこを殴りながら奮起したのだった。

もう一人は兄嫁だった。早くに父が亡くなり、父親代わりになったのが兄夫婦だったが、兄嫁は特に厳しかった。洋服も鞄もほとんど買ってもらえず、中学時代に同級生が皆、自転車に乗っていても、「そんなもの要らん」と言って買ってもらえない。

この兄嫁に対しても腹立ちや悔しさを感じていた。

だが、私が高校時代に塾を経営し、自分でお金を儲《もう》けようと思うようになったのはこの兄嫁のおかげと言ってもいい。彼女の厳しさが私に自立心というものを与えてくれたのである。

もうすでに亡くなってしまったが、今ではあの人のおかげで自分はここまで来られたと、むしろ感謝している。

さらに私の「恩人」にはもう一種類いる。本当の意味でお世話になった人たちだ。

たとえば、中卒で働くはずだった私を高校に行かせるよう兄夫婦を説得してくれた中学の先生。そして職業訓練大学校のことを調べて教えてくれた高校の先生である。この方たちがいなければ、確実に今の私はいない。

もっとも忘れられないのは、職業訓練大学校の恩師でもある工学博士の見城尚志先生である。

見城先生はモーターに関する膨大な知識を持つ、モーターの権威だった。この先生には大変お世話になったが、非常に厳しい先生でもあった。

常に難題をぶつけてくるのだが、私が必死になって食いついていくと、さらなる難題をぶつけてくる。私が何日も徹夜して精魂込めて書いた論文を、「なんだ、この内容は!」と破られたこともあった。

4歳しか歳が違わず、お互いに譲れない性格であるため論争になることも多かったが、私がここまでモーターの魅力に取り憑かれたのも見城先生のおかげである。

見城先生が大学校を定年退職された後は、我が社の研究所の所長、そして特別技術顧問として、大いに力を発揮していただいている。

振り返ってみると、私は小学校の担任教師からは「闘争心」を、兄嫁からは「自立心」を、見城先生からは良い意味での「反発心」を授けられたと思っている。

誰かに負けて悔しいと感じ、嫌なことをされて腹が立つなら、その悔しさや怒りを糧《かて》にして「相手を見返してやる」と自分を奮い立たせることだ。

それは親や教師に褒められるより、はるかに心を燃やす原動力になるはずである。

そして、相手を見返すため一心に自分の道に励んでいるうち、自分自身の実力も磨かれていくのである。

失敗したくなかったら、たくさん失敗せよ

また若い人のなかには、自分たちはつまらない時代に生まれたとか、今は夢も希望もないと思っている人もいるかもしれない。

しかし今は、実はチャンスがたくさんある時代だ。また、失敗してもやり直しができる時代でもある。

たとえば、我が家の次男は起業家だが、今の事業内容は最初に起業したときのものとは違っている。挑戦してうまくいかなかったらそれで終わりということはなく、その過程で得たチャンスや技術を使ってもう一度やり直せばいいのである。そのようにして何度もやり直して成功している人は世の中にいっぱいいる。

今は昔に比べて10倍、いや100倍くらいのチャンスが広がっているし、特に若いときというのはやり直しがきくものだ。

私はよく社員に「失敗したくなかったら、たくさん失敗せよ」と言っている。「失敗は成功のもと」ということわざがあるが、すべての失敗が次の成功へ結びつくわけではない。

失敗したときによく振り返って原因を分析し、やり方を変えて再びチャレンジしてみる。それを繰り返していくうちに失敗しないコツやうまくいくコツがわかってきて、成功の確率が上がっていくのである。

世の中には、一発で成功したなどということはほとんどない。これまで失敗することなしにうまくやってきた人もいないはずだ。もしもいるなら、単に何もしていないか、次に波が来たときにはつぶれるはずだ。

だからこそ、失敗した後の再チャレンジなくして成功を手に入れることなどできないのである。

失敗から目を逸《そ》らさず、何が良くなかったのか、どこに原因があったのかをしっかり検討することが大事である。再びチャレンジする価値があるかどうかも、しっかり吟味する。そうすれば必ず次の方法や解決策が見つかるはずだ。

ただし、職場での立場が上になり、責任が重くなればなるほど失敗や判断ミスは会社に大きなダメージを与えることになる。だからこそ、若いうちに「致命傷にならない程度の失敗」をなるべく多く経験しておいたほうが良いのである。

私自身、特に若い頃には数え切れないほど失敗をしてきた。

こんなこともあった。ある製品を開発しているうちに不安になり、前述のオムロン創業者の立石一真さんのところに相談に行ったのだ。

立石さんは私の説明を難しい顔をしながら聞いていたが、「成功するかどうかは僕にはちょっとわからんな。君はどうしたいんだ?」と聞くので、製品化したいという思いを滔々《とうとう》と述べると、立石さんは「それならトライしてみる価値はあるかもしれないな」とおっしゃった。

しかし製品化してみると、見事に失敗した。

再び立石さんにそのことを報告しに行くと、立石さんはこんなふうに語った。

「それはたいしたもんや。こないだ君が来たとき、僕はあかんなという顔をしていたはずや。それでも君は自分を信じて突き進んだ。なかなか見込みがあるわ」

もしかしたら失敗するかもしれないと思っていても、立石さんは止めなかった。「危ないから止めときなさい」と言っていたら、人は育たないことを知っていたからである。
一番良くないのは、失敗を恐れてチャレンジしないことだ。だめな経営者も同じで、失敗を恐れてリスクをとりたがらない人はけっして成功しない。

こうした経験からも、私は部下が「これをやりたい」と言ってきたときには、失敗する確率が高いと思っても否定せず、「やってみなさい」とゴーサインを出すようにしている。

部下の事業計画を聞いていて、頭の中で「ひょっとしたら3億くらい捨てることになるかもしれないな」などと思いながらやらせることもある。3億円を無駄にしてもこの部下にはいい勉強になるはずだと考えるからだ。そのときは失敗しても、結果的には後に何倍もの利益をあげてくれるのである。

人によっては100万円の損失でもつぶれかねない人もいるため、相手や機会を見極める必要があるが、ただ失敗を避けているだけでは人は成長しないのである。

リーダーの条件は、失敗を経験しているかどうか

そもそも、私は社員に対しては徹底的な加点主義をとっている。

スタート時点では皆ゼロで、挑戦したり成果を出したりすればプラスをつけていく。たとえ失敗しても減点はしないが、何もしなければゼロのままだ。どんなに頭が良い人でも、チャレンジしようとしない人や怠けている人は評価しないと決めている。

ところが、多くの日本企業の評価はこの反対で減点主義である。

減点主義の場合、ミスや失敗をすれば減点されてしまうから、積極的にチャレンジして失敗する人より、最初から何もせず問題なく過ごしている人のほうが出世していくことになる。

そうなると、人は失敗を恐れるようになり、当然チャレンジもしなくなってしまう。しかしチャレンジをしなければ成功することもない。組織も人も停滞したままになってしまうだろう。

私自身、他の人より何十倍ものチャレンジを続け、何十倍もの挫折や失敗を経験してきたからこそ、会社を大きくすることができたのだ。

もちろんチャレンジしても失敗してばかりでは意味がないが、その失敗から学ぶことができれば、次の成功につながっていく。

そして失敗に対しても打たれ強くなり、覚悟ができていく。

たとえば何か問題が起きて、部下たちがぶるぶると震えているようなときもあるが、それは彼らの失敗や挫折の経験が少ないからだ。挫折や失敗が多いと、過去に経験したものに比べたら、それほどたいした問題ではないと思えるのである。

つまり、リーダーこそ挫折や失敗を数多く経験しておく必要があるということだ。

実際、強い経営者たちを見ていると、若い頃にとんでもない挫折を経験していることが多い。

私も、見込みのある部下にはできるだけ若いうちに一つの会社の経営を任せるようにしている。場合によっては失敗して数十億円規模の損失が出ることもあるが、それくらいの失敗は許す覚悟でいる。そうやって失敗を経験しながら、経営手腕や人間的な力量を養っていくことで、強い経営者が育っていくのだ。

本当に強い人間というのは、心にしなやかなバネを持っているものである。たとえ失敗しても、そこから何度でも立ち上がることのできるバネだ。それは挫折の数と深さから生み出されるのである。

君が本当に強い人間になりたいのなら、若いうちに何度もチャレンジして、失敗や挫折をたくさん経験しておこう。

失敗から謙虚に学び、二度と同じ過ちを繰り返さないと思うことが大事だ。

困難なときこそ、人は成長する

今、世界はコロナ禍という困難な時期を迎えている。

しかし、困難は必ず解決策を連れてくると私は信じている。困難があれば、解決策もあるはずだ。だから、その困難から逃げずにしっかりと向き合い、解決策を見つけ出すことが大事なのである。

私は1973年に会社を創業して以来、金融恐慌やオイルショック、リーマンショックなど、10年に一度くらい大きな困難にぶつかってきた。

創業して日が浅い頃には不渡り手形（支払うはずの相手が支払えなくなった手形）をつかまされて経営が行き詰まり、身投げしようと思ったこともある。

京都の保津《ほづ》峡《きょう》渓谷というところまで行き、川に飛び込むつもりでいたが、川の上に突き出た高い岩を眺めているうちに恐ろしくなってきた。しばらくその場で葛藤した。そのうち、先にも書いたが、自分を信頼してついてきてくれた仲間の顔が浮かんできた。そして死ぬ気でもう一度頑張ってみようと気持ちを奮い立たせ、なんとかその後の危機を乗り切ったのである。

それを含めて3回ほど不渡り手形をつかまされ、まさに「会社がつぶれる」という困難にも直面してきた。しかし、その3回の経験があったからこそ、むしろここまで来られたと思っている。

こうした出来事を機に、これ以上不渡り手形をつかまされることのないよう取引先を見直し、顧客をすべて優良企業に絞るという方針を徹底させることにしたのだ。これは我が社の経営体質の強化につながることになった。

高い授業料を払うことにはなったが、すべて順風満帆にいっていたら、会社はここまで大きくなっていなかったはずだ。大きな困難の後にこそ、組織も従業員も大きく成長したのである。

日本電産の本社の一階には、今も創業期に建てたプレハブ建屋が保存されている。そこには「主契約死亡保険金額　8000万円」と記載された古い生命保険証もある。これを銀行に担保として差し出して、資金を借りたのだ。

私は今でも辛くなったときには必ずそこに行き、創業時の苦しみや死を覚悟したときの恐怖を思い出す。そして「あのときに比べたら、今の苦しみなどたいしたことはない」と思い直して、元気を取り戻すのだ。

私はもともと心配性で、臆病な性格である。

困難にぶち当たったときは、それこそ夜も眠れないほど悩み、考え抜く。それでもなお会社がつぶれるのではないかと恐怖に震え、悶《もだ》え苦しむ。

しかし、創業した経営者は皆こうした辛い思いを経験してきている。会社を興し、大きくしていくということは、それだけ大変なことなのだ。

激しい競争を勝ち残ってきた経営者に共通しているのは、苦しいことに耐え、逆境や困難から逃げずにやってきたということだ。困難に向き合うという経験は、確実にその人の血や肉となり、大きく成長させてくれるのである。

私は常に「先憂後楽」という言葉をモットーにしている。先に苦労や困難を経験しておけばおくほど、その後にやってくる楽しみは大きくなるという意味の言葉だと私なりに解釈しているが、先に苦労しておけば、苦労が報われた分、楽しみも大きくなるのである。

困難や逆境こそ、飛躍のチャンスである。

コロナ禍の後、この社会は大きく変わっていくはずだ。そのときに勝つのは、自分の力を信じて真剣に勝負している人である。

今、必死で頑張っていれば大きな実力がつく。そして必ず大きく成長する。

苦労が大きければ大きいほど、その後にやってくる喜びもまた大きいのである。

おわりに

最近の私の楽しみは、学校で学生や先生と話をすることだ。10代、20代の学生、留学生、また日頃は付き合わないような研究者と話をしていると、今まで興味を持っていなかったことを知ることができる。それが楽しいのだ。

先日は、源氏物語研究の第一人者で教授を務める女性から、平安時代の人間関係を知ることが今の世の人間関係にも役に立つという話を聞いて、実に面白いと感じた。

また、若い学生たちと夢を語り合うのも楽しい。

彼らとこれからのことを話していると、こちらまでやる気が湧いてくるのである。

ところで、そういうときに学生たちから「永守さんは僕らとは全然違いますから」とか「永守さんが特別なんです」とよく言われるが、けっしてそんなことはない。私は経営者として一応の成功を収めてはいるが、基本的には私も学生たちと変わらない。何も私だけが特殊な能力を持っているわけではないのだ。

私は凡才だ。だからこそ人の何倍も努力してきた。

そして私の知る限り、創業して成功してきた人も皆、普通の人である。成功するのに必要なものは、難解な数式を解く能力でもなければ、物理学の法則を見つける力でもない。ましてや高いＩＱでも学歴でもない。

必要なのは、ただ幸せになりたい、家族に美味しいものを食べさせてあげたいという必死の思いと努力である。その思いがあったら成功すると私は思っている。

ただし、その努力や頑張り方が人とは少し違う。

たとえば、京都に半導体メーカーのローム株式会社を創業した佐藤研一郎《さとうけんいちろう》さんという方がいる。すでに亡くなってしまったが、この方の人生も順風満帆ではなかった。

そもそもピアニストを目指していたが、コンテストで一番になれなくて断念。電子部品分野に進んだが、当初は自宅の風呂場で実験をひたすら繰り返したという。

最初は小さな製作所だったが、その後はまるで落穂を拾うように、大手半導体メーカーが手がけないような分野で足場を固め、ロームを高収益企業に育てあげていった。それによってロームは今、京都を代表するほどの半導体メーカーになっている。

こうした方の他にも、優れた経営者たちを思い出してみればわかる。

親が金持ちであるとか、経営者一族など、恵まれた環境で最高の教育を受けてきたような人、あるいは天才型の人というのは成功者には少ない。

どちらかといえば、苦しい生活から脱却したいがゆえに必死で自分の道を極め、その道で「一番」を目指してきた人ばかりである。

本文で何度も触れた通り、日本ではこれまでどの大学を卒業したかということにこだわる人が多く、偏差値の高い有名大学でなければ安泰な人生を送ることはできないと言われていた。

だが、学歴ブランドの時代は終わり、有名大学出身ということだけで重宝されることはなくなった。実力がものをいう時代になったのだ。

私はいつも「こんなにいい時代はないぞ」と学生たちに話している。頑張っている人が報われる時代になったからだ。

しかし、ただ頑張るだけでなく、本気で一番を目指して頑張らなければいけない。

よく「頑張っても報われない」と言う人がいるが、それは頑張っているレベルが違うのだ。本当に頑張っている人を私はたくさん知っているが、成功している人は皆、必死の思いでやっている。

国も他人も、その人を裏切ることがあるが、努力だけは絶対にその人を裏切らない。

これは私が78年間生きてきて、もっとも信じられる教訓である。

今は辛いことがあっても「なにくそ」と頑張れる人、最後まで努力できる人が報われる。苦労の後にこそ大きな喜びがやってくるのだ。


明日という言葉は、「明るい日」と書く。

今日よりも明日はもっと明るい日になると信じて、前に進んでほしい。

若い皆さんが夢と希望を持って、幸せな人生を歩むことを心から願っている。

永守重信［ながもり・しげのぶ］

1944年、京都生まれ。職業訓練大学校（現・職業能力開発総合大学校）卒業。73年、28歳で従業員3人と共に日本電産株式会社を設立、代表取締役社長に就任（現在は会長兼CEO。2023年4月、社名をニデック株式会社に変更予定）。あらゆる種類のモーターと周辺機器を扱う世界No.1のモーターメーカーに育てあげた。2018年、京都にて大学等を経営する学校法人の理事長に就任、運営する大学の改革に着手。19年、大学の名称を京都先端科学大学に変更。20年、同大学に工学部を開設。21年、法人合併で京都学園中学高等学校を傘下に収め京都先端科学大学附属中学校高等学校とする。22年、ビジネススクール（経営大学院）を開設するなど、世界で通用する即戦力人材の育成に情熱を注いでいる。主な著書に『運をつかむ』（幻冬舎新書）などがある。

構成：真田晴美
編集：園田健也

大学で何を学ぶか

二〇二二年　十月四日　初版第一刷発行
二〇二三年　三月二十八日　第四刷発行

著者　永守重信
発行人　下山明子
発行所　株式会社小学館
〒一〇一－八〇〇一　東京都千代田区一ツ橋二ノ三ノ一
電話　編集：〇三－三二三〇－五一一二
販売：〇三－五二八一－三五五五

印刷・製本　中央精版印刷株式会社

Printed in Japan ISBN978-4-09-825434-7